I0157193

ABUNDANCIA Y
CONCIENCIA SUPERIOR

Otros Libros de John-Roger

Si desea recibir más libros de **John-Roger**
en español, diríjase a:

MOVIMIENTO DEL SENDERO
INTERNO DEL ALMA,
MSIA® en Colombia.
Apartado Aéreo 94282, Santafé de Bogotá, D.C.-Colombia

Para solicitar ediciones en inglés diríjase a:
MANDEVILLE PRESS® en Estados Unidos.
3500 West Adams Blvd., Los Angeles CA 90018, EE.UU.

ABUNDANCIA Y CONCIENCIA SUPERIOR

john-roger

Titulo original: Wealth & Higher Consciousness
Titulo en español: Abundancia y Conciencia Superior

Copyright, 1993
Peace Theological Seminary and
College of Philosophy©
3500 West Adams Blvd.
Los Angeles, CA 90018 EE.UU.
(213) 737 4055 ext. 130

Publicado originalmente en ingles por:
Mandeville Press
PO Box 513935 Los Angeles, CA 90051-1935 EE.CJCI.

Primera Edición en español, 1993
Segunda Reimpresión de la Primera Edición: abril 1997

Traducción al Español de: Myriam Acevedo Corrección presente
Impresión: Jesus Becerra Flores   Diserio de Portada: Milton Sobreiro

I.S.B.N. 978-0-914829-91-1
Deposito Legal

Reservados todos los derechos

Queda rigurosamente prohibida, sin la autorización escrita de los
titulares del Copyright, hajo las sanciones establecidas en las leyes,
la reproducción total o parcial de esta obra por cualquier medio o
procedimiento comprendidos, la reprografía y el tratamiento infor-
mático y la distribución, de ejemplares de ella mediante alquiler o
préstamo publicos.

Distribuye MSIA®
Transversal 44 No. 106B-22
Teléfono: 27{ 2839 - 613 8630 - 613 9175 Fax: 613 8670
Apartado Aereo 94282
Santafe de Bogota, D.C. - Colombia

Impreso por:
Graficas Ducal Ltda.
Carrera 16 No. 24-17 Teléfono: 281 8586 - 286 8404
Santafe de Bogotá*, D.C. - Colombia

Índice

1

¿ Cómo conseguir lo que quieres ?

" Si obtienes algo de este libro, quizás lo más valioso te sea aprender que puedes crear, promover o permitir todo en tu vida: todo ".

¿ Cómo obtener lo que quieres?

Primero, podrías empezar por establecer qué es aquello que en verdad quieres. Algunas personas desean casarse; otras, ser ricas. Algunas desean tener una relación dichosa con su compañero(a) e hijos, y estar conscientes del Espíritu dentro de sí. Otras aspiran a tener un auto nuevo, un guardarropas nuevo, y un viaje a Europa. Incluso hay quienes desean abundancia tanto en el nivel físico como en el espiritual (una especie de anhelo de sea "así en la tierra como en el cielo").

¿Es posible conseguir lo que quieres? Sí: definitivamente. Aunque recuerdo cierta vez a mi madre advirtiéndome: "Ten cuidado con lo que deseas, porque podrías conseguirlo". Pienso que eso sigue siendo acertado. Podemos obtener lo que queremos, si estamos dispuestos a hacer aquellas cosas que son necesarias para conseguirlo. Desde hace algunos años se cuenta la anécdota de una persona que fue descubierta en una cafetería y se convirtió en estrella de cine en Hollywood. Me parece que es más leyenda que realidad. Cuando compruebes los hechos

11

referentes a aquellas estrellas de cine que aparecen *de la noche a la mañana*, probablemente encontrarás que la mayoría de ellas estudió actuación durante muchos años, y aprendió actuando en pequeños papeles en el teatro, la televisión o el cine, antes de conseguir la oportunidad de ser protagonista.

En otras palabras, pasaron muchos años luchando, a veces pasando severas privaciones económicas con el fin de refinar su destreza. Algunas trabajaron como camareros, empleados de bar, o conductores de taxi, pero nunca dejaron de enfocarse en su meta. Aunque hubieran podido dormir sólo cuatro horas por noche, todavía se las arreglaron para estudiar, ensayar y vivir la vida con un solo propósito. Aquellos que hicieron eso —y perseveraron sin importar ni el tiempo ni otras condiciones— tuvieron las mayores oportunidades de lograrlo. Muchos de ellos lo lograron. Es cuestión de "aguantar" hasta el final (hasta la meta). Parece muy sencillo, ¿no es así? Decide lo que quieres, haz lo que sea para prepararte y lograrlo, persiste hasta que lo consigas. ¿Estás dispuesto a hacerlo?

Hay una expresión que dice: *Nada es gratis*. Esto significa sencillamente que en uno u otro nivel tenemos que pagar por cualquier cosa que recibamos. Este es un hecho de nuestro sistema económico, y también, un proceso de la condición humana. Puede resultarte ventajoso aceptarlo, no como condición negativa y limitante, sino como afirmación. Con la información lo mejor que puedes hacer es aceptarla y buscar la forma de aplicarla a tu vida. En este caso particular, se reduce a una pregunta importante: ¿Estás dispuesto a hacer lo que sea necesario para obtener lo que quieres?

Existen grandes compañías cuyo ingreso bruto las coloca en la cima de la industria estadounidense, que tienen políticas de personal, que exigen que cada empleado nuevo debe comenzar haciendo labores de mensajería, y trabajar para lograr un ascenso. Aquellos que lo logran están dispuestos al sacrificio, dedicándose a aprender y a hacer las cosas que les funcionen, mientras trabajan para lograr el ascenso hacia su meta.

A pesar de lo que digan algunos artículos o historias sensacionalistas, existen muy pocos millonarios instantáneos (excepto los que heredan de sus familias). Conozco personas que trabajan en empleos normales, con horarios de ocho horas diarias, cinco días a la semana, y que reciben un ingreso moderado. También conozco alguna gente muy rica, que trabaja de 10 a 14 horas diarias, seis y siete días a la semana. Es cuestión de elección y de disposición para sacrificar los deseos inmediatos con el fin de lograr la meta. La mayoría de la gente exitosa no sólo tuvo que trabajar muy duro sino que tuvo que hacer sacrificios a lo largo del camino. ¿Valió la pena? Para algunos, sí; para otros, no.

Una de las preguntas claves que tienes que responderte es la siguiente: **¿Qué estás dispuesto a sacrificar para conseguir lo que quieres?**: ¿Tiempo con tu familia? ¿Tiempo de recreación? ¿Recortar gastos en tu vida diaria? Cualquier elección puede estar bien. Conozco algunas personas que hubieran podido ser millonarias pero eligieron estar más tiempo consigo mismas —en sus diversiones, y pasatiempos, en sus intereses culturales, en sus experiencias espirituales— en lugar de sacrificarlos para tener el enfoque necesario y terminar sus carreras. También conozco gente muy rica que disfruta el enfoque y la obsesión de tener éxito.

Repito: definitivamente puedes conseguir lo que quieres. Alguien ingenuo puede pedirle un deseo a una estrella o esperar que la "descubran" en una cafetería, sin embargo, la gente madura investiga, evalúa y toma decisiones respecto a qué está dispuesta a hacer, y qué no quiere hacer, y parte de ahí. Elecciones, más elecciones. Algunos se lamentan del destino y culpan a los demás por sus carencias. Si fueran verdaderamente objetivos —si se elevaran lo suficiente y miraran sus vidas con integridad en lugar de resentimiento— podrían aprender que no hay nadie allá afuera que les detenga el éxito. Es el "ello" dentro de cada persona, quien tiene la responsabilidad.

Si obtienes algo de este libro, quizá lo más valioso te sea aprender que *puedes crear, promover o permitir todo en tu vida: todo*. Esto implica noticias buenas y malas. Pueden ser noticias buenas si te haces responsable de tus creaciones, actuando en formas que brinden cooperación y apoyo. Pero pueden ser malas noticias si crees que la única manera de ganar es golpeando a otra persona y siendo egoísta y codicioso. Es posible ganar, tener la experiencia de gran abundancia y ayudar a los otros a ganar. Es más que posible experimentar la abundancia en tu vida, y la alegría de la conciencia espiritual dentro de ti, como experiencias paralelas y simultáneas. De hecho, si has de lograr y disfrutar aquellas cosas que deseas en el nivel físico, creería que parte de la fórmula del éxito es incluir una dosis generosa de gratitud hacia Dios, quien es el gran dador de todo lo que recibimos.

Algunos de ustedes pueden pensar: "¿Acaso Dios puede concederme auto nuevo?". Es una pregunta razonable. No estoy sugiriendo que deseches tus dudas. De hecho pienso que puedes utilizar tus dudas como una forma de verificación.

Al mismo tiempo, tampoco te estoy sugiriendo que te entregues a las limitaciones de la duda, sino que permitas a tu duda formular la pregunta y después busques la respuesta. No es probable que Dios responda directamente a tu solicitud para ese auto nuevo, aunque el Espíritu puede brindarte la oportunidad de que ganes y ahorres dinero para el auto. Muchas personas pueden rezar por un auto nuevo, por el billete premiado de la lotería, o por una lavadora nueva. Sugiero no que intentes hacer de Dios el "el mandadero máximo del Cielo".

Sugiero que uses a Dios para una intención espiritual y que permitas al Espíritu que te use para el éxito amoroso. Pienso que una plegaria valiosa sería pedirle al Espíritu que te ayude a estar más consciente del Espíritu. Y luego permitirle al Espíritu que haga el resto. Desde luego, esta plegaria para ser más consciente podrá responderse una vez, y después, con el tiempo, la conciencia podría embotarse y desaparecer. ¿Por qué sucede eso si Dios es omnipotente y omnipresente? Porque estamos viviendo en un planeta físico, con distracciones y tentaciones que nos alejan de la concientización de lo Divino. Así que la oración para ser consciente del Espíritu, *constantemente,* tiene que apoyarse, también, con actos que permitan al Espíritu traerte amor y apoyo. Esta es la razón por la cual tantas personas participan en ejercicios espirituales y meditación. Quieren mantener los canales de la concientización de lo divino, abiertos.

Existen algunos que tiene dudas respecto a Dios y se preguntan: "¿En realidad existe Dios?, y si es así, ¿Qué es lo que El hace? ¿Cómo puede alguien saber, de manera pragmática y práctica, que existe un Dios, en un nivel personal e individual?". Después de todo, pareciera que la era de los milagros sucedió en los tiempos bíblicos. Hoy en día, a veces parece un milagro el sólo hecho de levantarse de la cama en la mañana. He escuchado a la gente decir cosas como: "Si existe Dios, la luz del semáforo cambiará a verde en diez segundos". O, cuando alguien estaba perdido, rezar: "Si verdaderamente hay un Dios, encontraré el camino de regreso".

En lugar de involucrarse en estos aspectos de superstición para tratar de probar la existencia de lo Divino, podrías sencillamente concentrarte en tu próxima respiración. ¿Quién crees que te respira? Si piensas que eres tú mismo, utiliza tu duda ahora y mira si puedes dejar de respirar. El Espíritu— adentro tuyo— es quien toma tu próxima respiración, y también es el mismo que te despierta diariamente. Si te abres al Espíritu, podrás acceder a esa energía divina para que te asista a funcionar en muchos niveles, incluyendo ir al trabajo, ahorrar dinero, e incluso pagar el anticipo de un auto nuevo. Puedes usar la energía divina para mejorar tu existencia, y de esta manera, el Espíritu estaría, definitivamente, involucrado. Ahora bien, el cínico que hay dentro de ti puede decir: "Bien, ¿también está involucrado El Espíritu cuando no puedo comprar un auto nuevo?". Seguro: el Espíritu está involucrado en cada cosa en tu vida, pero no determina tus ingresos. Eso lo determinas tú. El Espíritu apoyará cualquier cosa que elijas hacer o no hacer. *Sea lo que fuere que elijas hacer*, es una clave para conseguir lo que quieres.

Haz tu elección. Escoge lo que quieras, dentro de la realidad, no en la fantasía. Con esto quiero decir que puedes decir que eliges ser el ganador del decatlón en las próximas Olimpiadas; y resulta que tienes treinta y tantos años, pasado de peso, llevando una vida sedentaria, sin hacer ejercicio. Esa elección podría ser una fantasía. Sin embargo, si escoges bajar 8 kilos en los próximos tres meses, esa es una elección con posibilidades reales, porque puede cumplirse en el nivel físico. Si escoges convertirte en un millonario el próximo fin de semana y a la fecha estás desempleado, sin capacitación, y no estás haciendo nada al respecto, esa elección es una fantasía. Sin embargo si eliges doblar tus ingresos dentro de los próximos cinco años hay posibilidades de que puedas hacer de eso una realidad. ¿Cómo?

Haz tu elección y concéntrate en lo que quieras. Tú decides dónde poner tu conciencia. Hay personas que hacen elecciones y esperan que sucedan, esperan que el "maná caiga del cielo". Bueno ... han habido grandes seres espirituales que pudieron precipitar cosas de los cielos. Jesús, a través de fuerzas divinas, pudo alimentar a las multitudes con pedazos de pan y pescado; y Moisés pudo "tocar" a las fuerzas divinas para manifestar cosas en el nivel físico. Para los mortales "comunes y corrientes", sin embargo, es importante escoger conscientemente nuestras opciones, haciendo cosas prácticas que nos funcionen y nos apoyen. Sí: es cierto que tienes energía divina dentro de ti. Aún así, hay cosas por realizar en el nivel físico, utilizando tu mente, tu cuerpo y tu alma. Alguna vez escuché este refrán: "Rézale a Dios, pero sigue remando hacia la playa".

Dirige la energía de la mente y la energía amorosa del corazón, hacia dentro de tu elección. Hazlo una prioridad. Sin embargo sé consciente de que existen aspectos positivos y negativos en esta propuesta. Los elementos positivos son que en la medida en que lo hagas, la mente tiene la oportunidad de revelar posibilidades como peldaños para lograrlo; el corazón puede participar en apoyarte mientras te diriges hacia lo que has elegido con amor, sabiduría, entusiasmo, y alegría. Las trampas negativas que podrías encontrar consisten en que puedes llegar a estar tan obsesionado con lo que deseas que interpretas todas las cosas como un obstáculo y quieres actuar imperiosamente por encima de ellas. Si expresas codicia, hiriendo a otras personas, el corazón podrá cerrarse. Cuando no manifiestas consideración (ni hacia ti mismo ni hacia otros) y niegas la sabiduría de tu corazón, tu éxito es limitado. Puede ser que consigas todo el dinero que deseas, y también puede que termines como el avaro miserable, tan bien descrito por Dickens en el libro *Un Cuento de Navidad*. El temor a su propia muerte causó que Scrooge mirara dentro de su corazón, y finalmente, abriera su corazón compartiendo y dando. De esta manera son necesarios estos actos para abrir el corazón amoroso en la vida real.

Si vas a estar obsesionado con las cosas que quieres, haz de esto una obsesión magnífica. Dentro de la magnificencia, hay espacio para compartir, cuidar, apoyar, y disfrutar del proceso que te lleva a tu meta. Permite que tu enfoque te inspire pero no te identifiques en exceso con el logro esperado, porque perderás el gozo del proceso. No se trata sólo de la frase, en la Declaración de la Independencia de Estados Unidos: "...y la búsqueda de la felicidad", sino también de la "felicidad de la búsqueda". Hay alegría constante en el proceso. Algunos piensan inclusive que el proceso es más agradable que el logro mismo. Por ejemplo: en el acto sexual —que es realmente hacer el amor— el proceso de expresar ternura dura más tiempo que el orgasmo. Si sólo vas tras la meta sin tomarte el tiempo para el proceso, podrías no darte cuenta que la búsqueda de la felicidad estriba precisamente en la felicidad de la búsqueda.

Esto es redundante y vale la pena repetirlo: Mantén tu meta al frente y, simultáneamente, involucra a tu corazón en el proceso; de otra manera, podrías lograr tu meta sin la alegría de alcanzarla. Alguna vez Ambrosio Birce definió, cínicamente, al logro como la *muerte del esfuerzo y el nacimiento del desagrado*. Al mantener comprometido el entusiasmo de tu corazón, y al reconocer que todas las cosas vienen a través del Espíritu, tu logro será sólo otra parte de un proceso alegre. Entonces, cuando finalmente consigas tu auto nuevo, la experiencia no habrá concluido, porque mientras lo vas conduciendo, puedes disfrutar esa experiencia como parte de tu continuo éxito. Cuando hagas ese viaje a Europa, sabrás que todas las cosas que condujeron al viaje forman también parte de él. Cuando te sientas a la mesa de ese costoso banquete, tu apetito forma parte del disfrute. Cuando conscientemente llegas a darte cuenta del Espíritu dentro de ti, después de haberte enfocado en lo Divino mediante los ejercicios espirituales o meditación durante horas, días, meses y años, la conciencia del Espíritu no es la única recompensa: también está el enriquecimiento del proceso continuo que comenzaste hace tiempo y que continúa hacia el futuro.

Parte de escoger tu elección y apoyar tu enfoque, tu meta, es acoger una "realidad" fundamental: *La prosperidad es tuya*. Algunos de ustedes pueden provenir de un medio cultural o familiar que incluía limitaciones en el sistema de creencias. Dentro de ti puede existir un tema subyacente de que ser pobre es ser amado, o de que carecer de algo es noble, o una programación inconsciente de que "como mis padres no fueron ricos, la abundancia no es mía". Tales limitaciones no están escritas en el cielo. Si hubiera algo escrito diría: *La Divinidad quiere que conozcas la alegría y la abundancia como una realidad*.

19

Acepta esto como una realidad: *La prosperidad es tuya.* Entonces, *toma la decisión* de conseguirle. Haz la elección de escogerla, de enfocarte en ella, y decide que no sólo la mereces sino que vas a lanzarte y conseguirla. ¿Es esto una fantasía? Si te llenas de dudas y sólo deseas que la prosperidad llegue a tocarte la puerta, podría muy bien ser una fantasía. Pero si estás imaginando tu prosperidad y creando oportunidades para que la oportunidad golpee y abra la puerta, puede tratarse de una realidad positiva, esperando manifestarse.

Al hacer tu elección, enfocarte y proseguirla, probablemente te darás cuenta de que esto que quieres, deseas, y anhelas es lo número uno dentro de tu mente, tu cuerpo, y tu corazón. Quizás ahora estés consciente de que en los ejemplos y técnicas ofrecidos, existe un equilibrio entre lo físico y lo espiritual. Sé por mi experiencia, y por la de miles de personas, que equilibrar el Espíritu y el nivel físico no sólo es posible y productivo, sino necesario para el enriquecimiento, el deleite, y el éxito. Cuando despiertas al poder de la Divinidad adentro tuyo y lo invocas, también estás despertando al poder de la Divinidad adentro de otros. A medida que hagas esto, tendrás acceso a fuentes de energía tan grandes y poderosas que tu mente podría sobrecogerse tratando de comprenderlo. De hecho, parte del proceso de manifestar tus deseos va más allá de la comprensión mental. Usa la mente para enfocarte, usa el corazón para percibir y apoyar los actos más altos, pon tu cuerpo en acción, y deja que se cuide por sí mismo.

La prosperidad es tuya, así como la abundancia del Espíritu, y la manifestación en este nivel físico. Hay también una directriz implícita: *Haz lo mejor que puedas y anima a*

otros a tu alrededor, a que hagan lo mejor que puedan.
Me refiero a los colegas, supervisores, estudiantes, aquellos bajo tu supervisión, amigos, amantes, compañeros, inclusive dependientes, y camareros que estén sirviéndote. Muchas personas piensan que animar es una expresión verbal, al estilo de "adelante", que se dice con entusiasmo inspirador. Esa es una manera muy obvia de dar ánimo. Pero un apoyo más amoroso no se dice con la voz sino que se afirma con el corazón, y se manifiesta en la actitud.

Muchas cosas entran en juego para que se manifiesten aquellas cosas que quieres. Es como un enorme rompecabezas con miles de piezas que tienes que armar. ¿Difícil?: algunas veces. ¿Sencillo?: sí ¿Fácil?: a veces, y a menudo no. Si alguna vez has armado rompecabezas, recordarás que a veces, después de sentirte frustrado, por fin encontraste una pieza que dio pié a que muchas otras encajaran fácilmente. Esto es parecido a resolver el acertijo de crear lo que quieres. Debes encontrar las piezas claves que permitan a las otras ocupar su lugar fácilmente. Una de las "piezas" más importantes es la actitud. Si creas una actitud de apoyarte a ti mismo y a otros en hacer lo mejor que tú y ellos puedan, muchas otras piezas de tu abundancia caerán en su lugar.

Muchas personas piensan que querer lo mejor de sí mismo y de otros, es con frecuencia exigente y doloroso. No tiene por qué ser así. No tienes por qué exigirlo ni esperarlo. Es posible conseguirlo con ánimo y entusiasmo. Es cuestión de darte cuenta de que la prosperidad y la abundancia son tu herencia legítima. Una vez que lo hayas entendido, trata de reconocer que "lograrlo" es cuestión de primero hacer lo mejor que puedas, lo cual no siempre resultará perfecto. No debes censurar a otros ni "entrometerte en sus asuntos", sólo porque han cometido un error. La actitud clave es la de ayudarte a ti y a otros a corregirse a sí mismos, mientras procuran hacer lo mejor posible.

Cuando lo hagas, puedes pedir que la energía espiritual apoye tu búsqueda. La Luz, la energía divina del Espíritu, está dentro de todos y cada uno de nosotros. Llegar a utilizar esta energía para el bien mayor, depende de nuestra actitud, con frecuencia. Al elegir, al enfocar tu mente, tu cuerpo y tu corazón, al hacer lo que necesita hacerse lo mejor que puedas, y al crear un lugar seguro para que otros participen contigo haciendo lo mejor que puedan, podrás tener acceso a la Luz, fácilmente.

La Luz puede venir no sólo de tu interior, sino también de otros a quienes estás animando y apoyando, quienes coincidentemente podrán apoyarte. Cuando alguien hace lo mejor que puede, la Luz se hace presente, disponible y accesible, porque la Luz es lo mejor que existe. Si no alcanzas la meta y escoges no levantarte cada vez que te caigas, y si te conformas con menos de lo que puedes hacer, la Luz todavía estará presente, pero podrá no parecer accesible.

Con tu actitud y tus actos puedes apoyar a otros en ser lo mejor que pueden ser, y parte de esa acción es compartir tu conciencia de prosperidad. Mientras más energía pongas en estar consciente de que la prosperidad es tuya para disfrutarla, más posible será que manifiestes prosperidad en los niveles que deseas. Pero esto no es sólo un asunto de palabras; es cuestión de compartir con consideración y cooperación. Una vez que has tenido acceso a esa Luz en ti, y la Luz en otros está disponible, la fórmula para el éxito incluye mostrarla, utilizarla y compartirla.

La gente se sentirá atraída por ti a medida que muestres y compartas tu Luz, y vendrán a contribuir a tu éxito.

La codicia es como la llama que atrae a las polillas, las cuales usualmente se queman por sí mismas. Pero La Luz Espiritual que existe dentro de ti es como un imán divino que atraerá a otros que buscan compartir su propia Luz, expandiendo la fuente de tu éxito. Algunas personas podrán asustarse con este apoyo tan impetuoso, y se alejarán, al querer permanecer en un nivel más familiar de limitación. Sin embargo, si deseas más que esto, ello significa reclamar la Luz, el apoyo y la prosperidad que están disponibles, y acogerte al éxito más allá de tus sueños más increíbles.

Esto parece algo obviamente fácil de hacer. *Es* sencillo, pero no siempre fácil, debido al acondicionamiento que dice "no puedes obtener todo". Si la gente lo tiene como creencia consciente o inconsciente, probablemente se asegurarán de limitarse a sí mismos. Conozco dos maneras básicas que ayudan a las personas a trascender el acondicionamiento limitante. De hecho, estas propuestas pueden inclusive transformar a la gente de modo que la misma energía de la limitación se pueda utilizar en una expansión infinita. Estas propuestas son tan valiosas para mí que las considero como mis "mandamientos" personales. No soy de los escritores que hablan de la alegría, de la abundancia espiritual y física, basado sólo en lo teórico. Yo, y muchos otros, compartimos estos mandamientos y, como resultado, experimentamos la alegría de la abundancia como un acontecimiento diario. ¿Cuáles son estos dos mandamientos?

1. *Trabaja y sirve*
2. *Aprende y crece*

Tenemos dos mentes en el mundo: una que es espiritual, y la otra que es material. La mente material es aquella con la cual trabajamos y servimos. La mente espiritual es aquella con la cual aprendemos y crecemos.

Trabajar es cuestión de poner tu cuerpo en acción para completar una tarea. Algunas personas trabajan de mala gana, resistiendo, y en un estado de obediencia maliciosa haciendo exactamente lo que les dijeron que hicieran, sin usar nada de su propia iniciativa, inteligencia o su amor. Algunos pueden estar resistiendo tanto que retienen de sus colegas o supervisores información útil para mejorar el trabajo. Obviamente, ésa no es la clase de actitud que recomiendo, a menos, desde luego, que quieras aumentar la pobreza y reducir las oportunidades para la prosperidad.

La actitud a la que me estoy refiriendo en relación con el trabajo es una de *servicio*. El servicio implica hacer lo mejor que puedas. Esto significa hacer la elección, enfocarte en la tarea que tienes entre manos, y utilizar la mente, cuerpo y Espíritu por la alegría de hacerlo. Fíjate que no dije hacerlo por el dinero que obtendrás al finalizar la semana, ni por ningún reconocimiento o recompensa. Si trabajas y prestas un servicio con actitud de cooperación entusiasta sabiendo que estás sirviendo al Espíritu dentro de ti al servir a otros a través de tu trabajo, podrás recibir apoyo increíble para crear riqueza como una realidad viviente.

Aprender y crecer son en realidad una manifestación de trabajar y servir. ¿Qué hay que aprender? Todo. Y si esto parece un poco abrumador, ¿qué tal aprender no solamente a hacer las cosas lo mejor que puedas, sino permitir que lo mejor sea cada día un poco mejor? Una prueba de haber aprendido es tener la habilidad de resolver las situaciones de la vida (especialmente las más difíciles) con mayor facilidad. Una verificación de tu crecimiento estriba en aquello que alguna vez fue una situación difícil, ahora se ha convertido en algo tan sencillo como respirar (sólo una cuestión de entrar y salir) haciendo lo que necesite hacerse hasta que esté hecho, sin la carga emocional que con frecuencia crea resistencia y limitaciones.

Al comienzo de este capítulo *escoger tu elección* se plantea como una clave para el éxito. Tienes que decidir si de verdad quieres tener éxito y si estás dispuesto a hacer aquellas cosas que lo permitan. ¿Elegirás trabajar resistiendo o es tu elección trabajar y servir como si fuera tu vocación? Si eliges servir, puedes convertirte en una persona valiosa para tu jefe, para tus colegas y tus clientes. Tus ganancias, tus negocios y tus relaciones personales con seguridad se expandirán gracias a esta elección. Trabajar, servir, aprender y crecer son técnicas, acciones y resultados que apuntan a que consigas lo que quieras.

2

¿ Es Práctica la Fe ?

*"Estoy interesado en una
espiritualidad práctica, en
aquella expresión espiritual que
se manifiesta para usarse en
nuestra vida, no en un futuro
lejano, sino en las continuas
experiencias cotidianas de
nuestras vidas".*

L*a* creencia de que puedes crear lo que quieres, es inherente a crear una conciencia de riqueza, la cual, ciertamente, puede crear riqueza en todos los niveles. Para aquellos de ustedes que lo han logrado, esa creencia está basada en pruebas empíricas. Si todavía no has creado la riqueza que deseas en tu vida, entonces esta creencia es realmente un asunto de fe.

Fe es una palabra bastante maltratada. Se ha usado tanto positiva como negativamente. La fe puede usarse para disuadir a los incrédulos de descubrir la verdad con la actitud de: "Cree esto sin cuestionar o sin comprobarlo". La fe puede usarse también para apoyar a quienes dudan en su búsqueda, sabiendo que la verdad, una vez encontrada, será valiosa. La Biblia dice: "La fe es la constancia de las cosas que se esperan, y la comprobación de los hechos que no se ven". [1]

Parece paradójico —"la prueba de las cosas no vistas"— ¿no es así? El incrédulo, pregunta: "¿Cómo puedes tener prueba de algo que no puedes ver?". El conocedor responde: "Podrá no ser visto en términos de visión física,

---

[1] *Hebreos 11:1 (Versión Reina-Valera actualizada).*

pero lo puedo ver con el corazón". Otra manera de decir esto podría ser: " lo sentí".

¿No has tenido muchas experiencias de sentir algo? ¿Cuándo supiste en tu corazón que algo sucedería, que alguien se interesaba en ti, que te amaba, que tendría éxito en alguna aventura? Inclusive aquellos adagios como "si no tienes éxito a la primera, prueba, prueba de nuevo", son verdades que sólo pueden ser verificadas si se actúa inicialmente con la fe. Cuando fracasas, cuando caes, cuando yerras en algo, puedes, desde luego, desistir. Y algunos lo hacen. Pero si te levantas una vez más de las que te caes, si te corriges a ti mismo cada vez que te equivocas, el éxito te está esperando. ¿Cómo lo sé? Es asunto de fe basada en pruebas empíricas. O, como dice la Biblia, en versión latinoamericana: "La fe es la manera de tener lo que esperamos, el medio para conocer lo que no vemos". Me gusta esa expresión: "conocer lo que no vemos".

La gente está despertando a las realidades, que en verdad no son vistas con la visión física pero que son vistas, percibidas, intuidas, y sentidas con la esencia conocedora del Espíritu dentro de ti. Parte del proceso de manifestar y hacer tuya la abundancia implica actos de fe. Esto no consiste sólo en tener fe en que algo bueno sucederá; no estoy hablando de pedirle un deseo a una estrella de la suerte, ni de apostar a tu número favorito y tener fe en que ganarás. Me refiero a una fe que implica hacer esas cosas positivas que producen resultados exitosos.

Si yo digo que miles y miles de personas en este planeta han reclamado y manifestado su prosperidad, ¿qué querrías saber? Probablemente querrías saber cómo lo hicieron, para poder tener también prosperidad. Parte de esta acción ya se trató previamente: saber que la prosperidad no es una cosa distante que podría o no conseguirse, sino una que está disponible en todos los niveles en los cuales hagas *espacio para ella*. Por ejemplo, si tienes un pozo de agua y está lleno de piedras y escombros por años de descuido, cuando lleguen las lluvias podría no haber en el pozo suficiente espacio para almacenar agua fresca y nutritiva. ¿Qué hay que hacer? Despejar el pozo de las piedras y escombros antes de que las lluvias lleguen. Haz espacio para que las aguas frescas limpien y enriquezcan tu vida.

Contigo sucede de la misma manera, puedes tener obstáculos: tus rocas y escombros acumulados inconscientemente a través de los años, que impiden que la prosperidad corra dentro de tu propio pozo. De ser así, necesitas abrirle espacio a la prosperidad para que rebose dentro de ti, manifestándose como *tú* en un estado de bienestar. "Médico, cúrate a ti mismo" es una sugerencia excelente. Eres tanto el médico como el paciente, y la cura está en aquello que decidas hacer o no hacer. Los actos de omisión son con frecuencia tan efectivos, si no más, que los actos cometidos. Por ejemplo, la limpieza de tu "pozo", camino al bienestar, puede significar la remoción de bloqueos de una dieta inapropiada; y el omitir el azúcar o las comidas fritas, puede significar la omisión de respuestas emocionales negativas, puede significar permanecer en silencio en vez de lanzar improperios en medio de la ira y el dolor.

Estas cosas siempre resultan fáciles. Una vez más, aquí es donde entra la fe. Se requiere fe para hacer aquello que te fortalecerá y así dejar de hacer aquello que te debilita. ¿Cómo producimos un "pozo" limpio dentro de nosotros que permita que el éxito llegue en todos los niveles (espiritual y físico)? Primero viene la fe. Y, una vez más, no me refiero a la fe milagrosa que abrió el Mar Rojo o alimentó a multitudes, sino a algo más pragmático para la persona común y corriente.

Todo el mundo actúa con fe, aún aquellos renuentes a admitirlo. ¿Alguna vez hiciste el pedido de algo que aparecía anunciado en un catálogo? Y apuesto que hasta incluiste un cheque o el número de tu tarjeta de crédito para pagarlo. Tenías fe en que enviarían el producto que viste fotografiado. Estoy seguro que puedes pensar en muchas experiencias en tu vida en las cuales obraste con fe en torno a que alguna cosa prometida o esperada sucediera. Pero para cosechar los beneficios, tuviste primero que actuar con fe. Primero tuviste que enviar el pedido.

Así sucede en términos de despejar el canal dentro de ti para que el Espíritu apoye la manifestación de "tu pedido". Cada uno de nosotros tiene ya un formulario para el éxito trabajando dentro de sí mismo. Si has tenido "piedras dentro del pozo" quizás no has entrado en contacto con este formulario para el éxito y, en cambio, podría estar bloqueado, lo cual con frecuencia se manifiesta como confusión y ambigüedad. La tarea que tienes entre manos es quitar las rocas. Un adagio apropiado dice al respecto: "Con el suficiente amor, hasta las rocas se abren". Es cuestión de quererte a ti mismo lo suficiente para aclarar y despejar el canal para que tu éxito pueda, en realidad, manifestarse en esta vida, y que lo tengas, disfrutes, y compartas.

Manifestar cosas materiales no es tan difícil, y sugiero que no consideres esto como el objetivo final y la razón de todo, debido a todas las cosas que vienen junto con la manifestación material. Quizás llegues a manifestar esa "casa de tus sueños" y adivina ¿qué más tendrás que manifestar? Los seguros, el sistema de aire acondicionado y calefacción, los muebles y todo lo demás. Mi enfoque en este libro no se limita a la manifestación física. De hecho estoy sugiriendo que la manifestación física tiene escaso valor, a menos que despiertes y cooperes con la conciencia superior dentro de ti.

Dicho de manera un tanto prosaica, por ejemplo, si logras manifestar ese increíble auto de tus anhelos, ese Porsche o ese Rolls Royce o ese convertible con motor tan especial, también tendrás que cooperar con las leyes de tránsito para no tener una colisión y posiblemente lesionar a alguien o a ti mismo. Pues bien, traslada esa cooperación y multiplícala por mil para comprender que junto con la materialización física viene algo que durará más que tu auto (el cual trae consigo su obsolescencia). Imagínate cooperando con el Espíritu en un grado tal, que todo cuanto hagas te ayude a ti mismo y ayude a otros, de modo que nunca te hagas daño ni dañes a otros, y que utilices todo —quiero decir *todo*— para avanzar. Si te enfocas primero en tu avance espiritual, entonces todas las cosas "en la tierra como en el cielo" podrán llegarte. La Biblia dice: "Más bien, buscad primeramente el Reino de Dios y su justicia y todas estas cosas os serán añadidas".[2] Las prioridades están claras y el proceso de manifestación viene incorporado.

La manifestación de la abundancia, a través del Espíritu para este nivel físico, requiere varios pasos de apoyo, algunos ya descritos previamente. Es posible que tengas una idea vaga de cómo crear algo en tu vida. Transformar una idea nebulosa en una realidad productiva requiere trabajo

---

[2] *San Mateo 6:33 (Versión Reina-Valera Actualizada)*

específico. Algunas personas escogen primero la contemplación. Deben "conectarse" con la idea, mirar fijo por la ventana, y sólo contemplar lo que viene luego. Otros pueden hacer ejercicios espirituales, despejando así el canal para la inspiración espiritual. Otros, una vez que se han "conectado" con la idea, intencionalmente pueden hacer cosas que distraigan la mente consciente (escuchar música, caminar), confiando en que el subconsciente trabajará por su propia cuenta y que el Espíritu traerá la claridad con la cooperación de la mente descansada. (Fe, una vez más). Tal vez otros tengan que apoyar la mente, utilizando un sencillo proceso paso a paso escribiendo todas sus ideas, volviéndolas a escribir hasta que queden reducidas a unas pocas (lo cual puede todavía ser ambiguo), y luego escribiéndolas otra vez hasta que se logre la claridad. Algunas personas pasan por un proceso parecido hablando acerca de la idea vaga hasta que consiguen claridad.

El caso es que desde el lugar con frecuencia nebuloso de la intuición, inspiración, o mentalización, el proceso implica llevar una idea a una manifestación específica que pueda expresar tu imaginación y contribuir al mejoramiento de tu vida y la de otros. Los artistas conocen bien este proceso, aún cuando la mayoría de las veces sea un proceso emocional o intuitivo usando sus habilidades, no sólo un proceso mental. El artista responde a estímulos (internos y externos) con un sentimiento subjetivo y le da forma en el nivel físico, ya sea pintando, esculpiendo o escribiendo poesía. Asimismo, eres un artista. En tu caso quizás el lienzo sea tu propia vida.

Si no haces nada con tu intuición, tus inspiraciones o tus ideas creativas, estás eligiendo (por omisión, tal vez) no permitir la manifestación de tu potencial. Un trozo de carbón abandonado, es sólo eso. Si enciendes ese pedazo de carbón, sin embargo, se transforma en una forma de energía útil. (Un diamante es un trozo de carbón al que le hizo bien estar bajo presión). El fragmento de carbón tenía el potencial para mucho más que permanecer simplemente ahí, pero obviamente el potencial no significa manifestación y disponibilidad ahora mismo.

Estoy interesado en la espiritualidad práctica, aquella expresión espiritual que se manifiesta para usarse en nuestra vida, no en un futuro lejano, sino dentro de las continuas experiencias cotidianas de nuestras vidas. Cuando el carbón arde, se libera a un nivel de energía más alto. Desde un lugar de base, el potencial en realidad se manifiesta como una expresión más alta. De manera parecida sucede contigo como individuo: quizás debas trabajar para que puedas expresar tu potencial. Demasiada gente muere con un epitafio que nunca se escribió, "El (o ella) tenía mucho potencial". Prefiero vivir con el credo de "estoy expresando mi potencial ahora". Quizás puedas enfocarte en la Luz dentro de ti y aumentar la presión, para que el carbón que está adentro tuyo pueda crearte una energía enorme y ser transformado en ese diamante, manifestando para ti abundancia desde dentro.

Aprende lo siguiente:
Todas las cosas, ya sean humanas o no, tienen potencial.
(2) Cada cosa y cada persona está involucrada en el proceso de liberar   su potencial.

Las buenas nuevas son que existen oportunidades para niveles mayores de expresión. Las malas nuevas son que no necesariamente se libera desde abajo hacia arriba; podría liberarse también de arriba hacia abajo.

Entonces, una vez más, es cuestión de escoger conscientemente y luego hacer aquellas cosas que apoyen tu elección. Tu actividad puede despertarse hacia la disponibilidad de tu potencial, y puede manifestar en tu vida cosas positivas y elevadoras. Es importante reconocer que ese potencial existe en todos los estados. En la enfermedad, la salud es un potencial. También lo es la muerte. En cualquier problema reside la solución potencial. Incluso en la pobreza está el potencial de la abundancia. Dentro de los seres humanos mortales está el potencial de la realización divina.

Lo hermoso de la manifestación divina y de la abundancia radica en que el potencial no está restringido a ningún grupo de seres humanos en particular. Sin importar cuáles grupos se declaren ser "elite" o cuáles grupos interpreten las escrituras para apoyar su Divinidad propia y particular excluyendo a otros, la abundancia a través del Espíritu está disponible para todos. De hecho, reclamar un derecho elitista y exclusivo de la energía divina puede en verdad detener el crecimiento, porque la contención y la restricción están opuestos al Espíritu. El Espíritu es una energía disponible en expresión constante que no puede manipularse con interpretaciones, sino que está presente dinámicamente. Le corresponde a cada individuo mantener el "pozo" o el canal abierto para recibir las bendiciones de la abundancia.

Tu trabajo, desde un punto de vista superior es mantenerte abierto dinámicamente.

1) Esta apertura dinámica es lo que mueve la energía desde la potencialidad y la hace disponible.

2) Entonces, tu enfoque mueve aquello que está disponible y lo hace accesible.

3) Después de esto, es cuestión de poner continuamente tu cuerpo, tu mente y tu corazón en acción, de manera que puedas mover la energía desde lo accesible, y hacerla una realidad manifiesta.

Toda esta acción puede ser un producto de invocar el potencial de la Luz. Luz puede ser un sinónimo de: **Vivir en los Pensamientos Sagrados de Dios.**[3] Esta es una acción que tiene lugar a través de ti, no sólo como una palabra o una posición o una propuesta elitista, sino como una manifestación de apertura a la energía divina. En la medida que creas la apertura, abandonando limitaciones tales como los juicios, las emociones, y el ego, creas tu propio espacio para la fuente de tu poder. Existe la expresión: "Por tus actos serás conocido". Asimismo por tus actos tienes la oportunidad de tener acceso a la energía divina y de utilizarla para crear abundancia en muchos niveles.

Por tus acciones puedes descubrir la realidad del Espíritu como un sistema de apoyo en tu vida. Tales acciones validan el valor y el carácter práctico de la fe.

---

[3] *Nota de la traducción: En la versión en inglés se hace un acróstico con la palabra LIGHT (Luz):Living In God's Holy Thoughts.*

3

OCHO PASOS PARA LA PROSPERIDAD.

> " *A Dios no le importa si tenemos dinero, y para conocer a Dios no se requiere conocer la pobreza".*

*H*ablemos de dinero. Claro está que cuando hablo de riqueza, hablo de ella en muchos niveles, incluyendo no sólo riqueza económica sino también abundancia de buena salud, mente clara, estabilidad emocional, y bienestar espiritual. Pero por ahora, hablemos de dinero.

Casi todo el mundo en este planeta está luchando por tener dinero. No sólo eso, sino que el dinero a menudo parece ser el asunto alrededor del cual gira la vida de muchas personas. Algunos equiparan su valía personal con la cantidad de dinero que puedan producir. Algunos obtienen más alegría de la consecución de dinero que de amistades, sexo, eventos culturales, dormir o comer. Demos un vistazo a los centros de juego del mundo. En Las Vegas por ejemplo, hay enormes casinos que tienen capacidad para miles de personas. En estos casinos, dedicados al dinero, hay máquinas tragamonedas, mesas de bacará, ruletas, mesas de veintiuna o póker, pero, adivina ¿qué les falta?: no tienen ni muchas ventanas ni muchos relojes. Allí hacen todo lo posible para ayudar a los jugadores a suspender los puntos de referencia de tiempo y lugar normales. Este es un caso extremo, desde luego, pero de otras maneras, las personas crean sus propios "casinos" y van por el último peso que puedan conseguir.

Hemos escuchado a muchas personas predicar en torno a las maldades del dinero; y otras, predicar para conseguir contribuciones de dinero. Algunas han renunciado al dinero y al mundo material, en favor de Dios. Pero a Dios no le importa si tenemos dinero, y para conocer a Dios no se requiere conocer la pobreza. De hecho, las personas pueden renunciar verbalmente a las posesiones materiales y al dinero, pero aún así están enredadas en consideraciones financieras en tanto estén vivas. Todavía tienen que pagar la comida, renta, impuestos, seguro social, y su cuenta de electricidad. Claro está que si quieres renunciar totalmente al dinero, tendrás que optar por vivir en la pobreza y mendigar la comida. Respeto cualquier elección individual, pero dudo que tú, que estás leyendo este libro, te intereses por ese estilo de vida.

Puesto que estás en un cuerpo físico y sujeto a las leyes de este universo físico, es mejor aceptarlo, cooperar, y salir adelante con él. Hay aspectos negativos y positivos en el nivel físico y tienes que hacer una elección de cuáles son los que quieres apoyar. Puedes buscar dinero motivado por la codicia; buscar dinero basado en la necesidad; o buscar dinero por la alegría de lo que puede proporcionar a ti y a otros. Usar esto último como guía te permite vivir en el nivel físico en abundancia y, simultáneamente, dirigirte a la conciencia más elevada.

Acepto que es muy difícil hacer el trabajo "espiritual" mientras estás preocupado por los pagos del auto, de la casa, de los seguros, y las cuentas de gas, la luz, y el teléfono. Es aún más difícil disfrutar de la riqueza material con salud y felicidad, si tu conciencia no ha despertado a la fuente divina. Es cuestión de tener los pies plantados en la tierra y la cabeza en el cielo. La prosperidad, que para mí significa salud, riqueza, y felicidad, tiene que venir de adentro para manifestarse afuera en el mundo. Puedes vivir tu propia prosperidad.

Si puedes aplicar lo que ya has leído, podrás tener una vida rica y colmada. En mi experiencia, sin embargo, encuentro que la mente, el ego, y la programación limitada de la gente con frecuencia se resisten al cambio. Así como a menudo los padres o maestros tienen que decirles la misma cosa varias veces a los niños, así también, existe dentro de cada uno de nosotros una parte de niño a la cual hay que decirle las cosas muchas veces antes de que logremos efectuar un cambio positivo en nuestro comportamiento. Parece raro que haya tal resistencia a una vida de prosperidad, pero, de nuevo, con frecuencia me parece extraña, también, la manera como mucha gente elige vivir su vida en este planeta.

Imagínate, si puedes, que Dios concediera suficientes recursos agrícolas para alimentar a toda la gente del planeta. Imagina que Dios concediera todos los recursos naturales para darles techo a todos en un hogar cálido con agua corriente, caliente y fría. Imagina que Dios concediera apoyo específico a cada persona para vivir en la comodidad y la abundancia. Y luego, imagina que los seres humanos eligieran Ignorar esos regalos de prosperidad dados por Dios, y eligieran vivir en la duda, la privación, y el conflicto. No tiene nada de raro, porque *sí tenemos los recursos naturales para que cinco mil millones de personas vivan una vida equili-brada.* De alguna manera, sin embargo, la gente ha escogi-do vivir en la privación. Antes de ceder a las rarezas de la condición humana, prefiero primero ofrecer algunos puntos específicos que te permitan trascender las limitaciones y pro-clamar tu herencia divina: la prosperidad, conocida también como salud, riqueza, y felicidad.

¿Cuál es la "fórmula mágica" específica? Sólo es mágica si no sabes cómo hacerlo. Cuando lo sabes, es real. Voy a enumerar los *ocho pasos para la prosperi-dad*. Que se hagan una realidad para ti o que permanez-can como algo mágico, depende de si los sigues. Se requiere mucho más que asentir con la cabeza, o decir : "Seguro que estoy de acuerdo con eso". Se necesita *ha-cerlo*. Es tan sencillo como... —iba a decir "De la A a la Z"— pero mejor digamos "De la A a la H".

A. Acepta tu oportunidad

Si tu primo segundo muriera y te dejara diez millones de pesos, dudo que tuvieras dificultad en aceptar esa oportu-nidad. Cuando sugiero que aceptemos nuestras oportunida-des, estoy incluyendo las más sutiles, inclusive aquellas que puedan parecer como negativas. A veces vemos un evento o participamos en él y no aceptamos el hecho de que es, cier-tamente, una oportunidad. Existe una parte condicionada en nosotros que con frecuencia le pone etiquetas a los hechos para que encajen dentro de ciertos patrones culturales, fami-liares, de modo que nos sintamos más cómodos.

Por ejemplo, sé de un joven que fue a besar a una jo-vencita que le gustaba y ella se apartó. Dado que se sintió

herido, su parte condicionada afloró y expresó enojo, califi-
cando a la joven como una fastidiosa insensible. La única
cosa es que ella no tenía el mismo "libreto" que él. Su respuesta no tenía nada que ver con su fastidio o insensibilidad
personal. Ella le dijo: "No te besé porque tu aliento huele
tanto a nicotina por fumar cigarrillo, que me dieron náuseas."

¿Es este un golpe, o una oportunidad? El había tratado de dejar de fumar muchas veces, pero estaba enganchado con la nicotina. En esta circunstancia, sin embargo, él
estaba más enganchado con besar a la jovencita que le gustaba, que con el cigarrillo. De manera que usó esto como
motivación para dejar de fumar. No sólo consiguió besarla
sino que, años más tarde, descubrió que de haber seguido
fumando, le hubiera dado un enfisema o probablemente cáncer. Puede que conscientemente no se haya dicho: "Su re-
chazo es mi oportunidad", pero lo utilizó para su
mejoramiento. Al actuar, usó el incidente y la información
como una oportunidad.

He escuchado decir que la oportunidad golpea
solamente una vez. En mi experiencia, las oportunidades
golpean, y golpean de muchas maneras. De modo que si "lo
echas a perder", y manejas equivocadamente algo, si no
aceptas ni reconoces una oportunidad, no lamentes tu suerte.
Sólo aprende de la experiencia y hazlo mejor la próxima vez.
Aparte las oportunidades vienen en todas las formas y
tamaños. ¿Cómo sabes si algo es una oportunidad o no?
Francamente, considero la mayoría de los momentos en mi
vida como oportunidades. ¿Aún los que son negativos?
Particularmente esos eventos que me parecen obstáculos
para disfrutar de la vida. Cuando me dieron una multa por
exceso de velocidad, dejé de correr (como el joven que no

volvió a fumar) para no recibir otra multa, lo cual aumentaría considerablemente mi seguro. ¿Fue esa una oportunidad? Seguro. Claro, porque —quién sabe— tal vez algún día mi exceso de velocidad hubiera causado un accidente que podría haber lesionado a alguien, incluyéndome a mi mismo. No se trata tanto de que esté agradecido por la vez en que me multaron por exceso de velocidad, sino que estoy agradecido porque acepté la oportunidad de cambiar mis patrones para conducir.

Si te das cuenta que hay una subdivisión en el aceptar tu oportunidad, estás en lo cierto. Se llama *elige tu actitud.* Hay muchas cosas que no puedes elegir, tales como padres, raza, color, o lugar de nacimiento. Pero sí puedes *elegir la actitud* con la cual vas a entenderte con todo esto. Puedes despertar de "mal humor" y aún así no ceder a la irritabilidad. ¿Cuál es la oportunidad? Es reconocer que por alguna razón te sientes desequilibrado y aún así elegir hacer las cosas que apoyen tu prosperidad, en cambio de ceder ante aquello que puede corromperte. Expresar enojo no promueve prosperidad, sino que la corroe. El reto consiste en poner energía conscientemente en una *actitud de apoyo para ti mismo* que diga: "¿Y qué si me encuentro un poco irritado? No tengo porqué descargarlo en otros. Aún así voy a leer el periódico, a meditar o hacer ejercicios espirituales, tomar un desayuno nutritivo y recibir mis bendiciones en lugar de ignorarlas".

No estoy diciendo que te mientas a ti mismo y niegues que la irritabilidad exista en ti, sino que reconozcas que la habilidad para ser productivo, calmado, y alegre existe en ti al mismo tiempo. Eres quien elige cómo actuar. Si promueves la negatividad, ¿adivina qué conseguirás?

negatividad, desde luego. Conozco mucha gente que vive una vida de salud, riqueza y felicidad. Ninguna de estas personas, ni una sola, vive una vida de promover consistentemente la negatividad. Claro que puedes resbalar aquí y allá, e inclusive tienes la oportunidad de resbalar y caer, pero puedes levantarte de nuevo. Levantarte significa escoger aquello que dará apoyo a tu prosperidad positiva, en cambio de ceder a la tentación negativa de la limitación.

Si te enfocas en la negatividad el tiempo suficiente, puedes caer en la desesperación. Si te encuentras en el fondo de la desesperación, no tienes por qué permanecer ahí sólo porque te hayan dicho que ése es tu destino. Ahora que eres un adulto, ¿qué te parece llevar contigo una luz? La Luz del conocimiento, la Luz de Dios, la Luz que ilumina las trampas para que no caigas en ellas. ¿Es así de sencillo? Puede serlo. Depende de aquello en lo que te enfoques, es como ver un vaso de agua medio lleno o medio vacío. ¿Dónde está tu enfoque?

Has nacido con libertad de elección. Especialmente para quienes viven en sociedades donde la abundancia y la libertad son más accesibles, la elección es aún más aparente. Imagina que no solamente puedes elegir sino también tienes el poder de transmutar una condición negativa en positiva, como una especie de alquimista de la actitud. Recuerdo que un amigo me contó acerca de cuando ayudó a empujar un auto para sacarlo del fango, en medio de un aguacero, dando a gritos las instrucciones a la persona que conducía. La rueda giraba salpicando barro por todo su cuerpo, cara y pelo. El auto no salió del fango y él quedó totalmente empapado de barro. El hubiera podido dar puntapiés y gritos, culpando a la lluvia, al barro, al neumático, y hasta al conductor, y aún así habría estado empapado de barro. En cambio, miró su reflejo en un charco, y vio un "monstruo fangoso", soltó una carcajada y continuó riendo como un idiota en la lluvia. Esto no consiguió cambiar el neumático, pero seguro que fue divertido. El sabía que eventualmente, cambiaría el neumático. El sabía que eventualmente dejaría de llover. ¿Cómo lo sabía? Tal vez se llama sentido común o "confianza". Poner energía en un enfoque positivo que puede no ser visto en el momento y entonces dirigir el cuerpo hacia ello, eso es lo que llamo *"tener fe"*. Es un modo de aceptar tu oportunidad.

B. Comienza a proseguirlo

No estoy sugiriendo que de manera ciega te lances en pos de algo, con falso entusiasmo, apoyándote únicamente en el estribillo: "Lo voy a lograr, y voy a conseguirlo". Si no te preparas para lo que sea, todo lo que puedes conseguir será una lección. Y eso no está mal tampoco, porque es otra oportunidad para aprender que "llegar a ello" puede ser un proceso consciente y maduro. Como dije en un capítulo anterior de este libro, decide lo que es "ello". Determina qué es lo que en verdad quieres antes de lanzarte a obtenerlo. Quizás desees ir de prisa al centro de la ciudad. La manera de *no* "lanzarte a obtenerlo" es salir de la autopista y parar un auto en medio de todo ese tráfico. Esta es una forma muy obvia, pero estoy seguro de que entendiste lo que quiero decir.

Piensa qué cuidados y consideraciones debes tener antes de 'lanzarte a obtenerlo'. ¿Cuáles son las cosas que tienes que hacer para comenzar? Nuestras mentes a menudo hacen cosas raras cuando estamos tratando de cambiar y progresar, así que sugiero que se lo facilites *escribiendo los pasos* que pienses pertinentes y las cosas que tienes que hacer con el fin de comenzar. En este proceso puedes encontrar que cada paso te conduce al próximo. Si no conoces el paso siguiente, revalúa el último paso que diste porque éste contiene en sí mismo la información que lleva al que le sigue. También es importante comenzar con integridad, de manera que el primer paso contenga la verdad (como tú la percibes), y escribir cada paso con el mismo cuidado.

Una subdivisión de comenzar a proseguirlo es *creer en tu habilidad* para lograrlo. Si yo comenzara con este proceso pidiéndote que creyeras en tu habilidad, podrías acabar con un lema vacío. Pero si sigues este proceso, paso a paso de aceptar tu oportunidad, elegir tu actitud, comenzar buscarlo, definiendo qué es "eso" y describiendo cómo hacerlo, el resultado probable será una creencia sólida en tu habilidad, porque ya te habrás involucrado en un proceso viable que crea éxito.

En este proceso no evites lo incómodo, con lo cual te sientas confundido. Por el contrario, examínalo para determinar qué te confunde o te asusta. No tienes que entrar de lleno en ello y sentirte confundido o asustado; sólo examínalo objetivamente, dentro de ti. Escribe qué es lo que crees que no sabes, y pide claridad. ¿Pedirle a quién? Al conocedor que hay en ti. Tal vez te sorprendas al encontrar que las respuestas te salen, y que te liberas de temores y limitaciones.

¿Cuáles son algunas de las limitaciones? Las veces que tratamos de culpar a otra persona por nuestra falta de éxito. Y si no estamos culpando a alguien, podemos culpar a algo dentro de nosotros, como si no tuviésemos control sobre ello. ¿Cuántas veces has dejado de hacer algo positivo con la excusa de "no puedo porque tengo dolor de cabeza" o "no me siento listo para eso hoy"? Luego preguntas por qué la oportunidad no parece golpear a tu puerta con más frecuencia. Si cierras la puerta a las pequeñas oportunidades, las grandes quizá no lleguen a tocar. Culpar a alguien (incluyéndote a ti mismo) no mejora tu condición; así que puedes sencillamente descartar esa actitud. ¿Para qué perder tiempo en culpar si eso no te lleva a lo que quieres?

C. Comprométete

Recuerda que "**A**" correspondía a *aceptar*, y "**B**" a *comenzar*. Ahora, la "**C**" es *compromiso*. Hay una energía poderosa implícita en comprometerse. Podría no haber otras opciones. El compromiso consiste en mantener tu enfoque, tu atención y tu conciencia en lo que has aceptado y comenzado, y luego continuar en ello con un sólo propósito en mente. Cuando te comprometes, eso produce cambios. A veces la gente se asusta porque el cambio quizá signifique ampliar las "zonas de comodidad" yendo a espacios desconocidos de expresión y experiencia. Aún cuando esos nuevos espacios sean benéficos, mucha gente se resiste al cambio.

El cambio a veces produce un sentimiento que podemos rotular como dolor. Algunos encuentran doloroso renunciar a esas zonas de vieja y cómoda familiaridad y modificar aspectos de su comportamiento. Algunos temen tanto al cambio que se comprometen negativamente y condenan todas las oportunidades para cambiar y crecer. Se ha dicho que se requiere de gran valor para ver el rostro de Dios. Si esto es algo que te has comprometido a hacer, puedes fortalecerte a ti mismo desarrollando el coraje para apoyar la elección positiva en vez de la negativa, y comenzando por avanzar hacia los cambios positivos que estén disponibles. Es como salir del capullo y convertirse en mariposa. El proceso de liberarte quizá resulte momentáneamente incómodo, pero no tienes que llamarlo dolor. Cambia tu actitud y llámalo honestamente una maravillosa oportunidad, mientras te quitas los grilletes de tus propios acondicionamientos y escoges moverte hacia la libertad. ¿Qué se obtiene de esa elección? La alegría.

D. Dedícate a tu meta y a tus sueños

Si tienes una visión, un sueño, o un anhelo de algo que es digno de ti, entonces también es digno de tu devoción. ¿Qué es digno de ti? Aquello que te eleva, te apoya positivamente y contribuye a tu alegría y a tu abundancia. Cuando te contactas y te comprometes con eso, puedes dedicarle tu vida. Y no se trata de decir: "Estoy listo a morir por esto", sino de saber "Estoy listo a vivir por ello". Quiero decir *vivir* experimentando el sabor, el entusiasmo y la felicidad de vivir con gratitud y diversión. La devoción es una energía que prepara el camino de una manera que a menudo es inusual y que sin embargo con frecuencia conduce a oportunidades increíbles. La devoción es una energía que dice: "Sin importar las consideraciones, me ocuparé de ello, con ello, por debajo de ello y a su alrededor. Por encima de todo, le voy a poner ahínco".

Algunas personas quizá duden respecto a "poner ahínco" porque reflexionan acerca del dolor y la pobreza de sus vidas. ¿Para qué reflexionar acerca de la miseria de tu pasado? Aquí estás, ahora mismo, leyendo un libro que dice que vales más, ahora y siempre. Sea lo que fuere que hayas hecho hasta este momento, deja que eso esté bien porque ahora te encuentras aquí, buscando una manera de mejorar tu vida no sólo para hacerla mejor que ayer, sino para realmente crear una vida llena de prosperidad. Cualquier nivel limitado que hayas experimentado hasta ahora, hasta se puede considerar como valioso porque aquí estás, ahora mismo, sentado en el regazo de una lujosa oportunidad.

¿Cómo se te presentará esta oportunidad? Para muchos, un cambio de actitud despejará el camino. ¿Qué te parece —como una subdivisión de la devoción— tu disposición para *atreverte a tener éxito* ? Cuando yo era joven, solíamos decirnos unos a otros: "Te desafío". En vez de buscar a otra persona para que te lance ese reto, tú como adulto puedes desafiarte a ti mismo para encontrar nuevo ánimo y avanzar hacia tu prosperidad. La mente, el ego y las emociones acondicionadas pueden plantear sus puntos de vista limitantes y decir: "¡Cuidado! Evita dar un mal paso". ¿Y qué si lo haces? Siempre podrás dar un paso atrás o a un lado. ¿Es esto un fracaso? No, no lo es realmente. Sólo es otro paso en dirección a tu éxito.

"El fracaso" es un rótulo que a alguien se le ocurrió para identificar una experiencia de no conseguir lo que quería. Desde mi punto de vista, realmente no existe eso llamado fracaso. La gente tiene reglas para llamar a una cosa fracaso y a otra éxito. Yo considero cada experiencia un éxito porque es una oportunidad que me permite cumplir mi destino con salud, riqueza y felicidad. Aquellas experiencias que no presentan prosperidad de inmediato, son sólo otras fuentes de información, que me dicen qué síntoma debo tratar, qué comportamiento o qué actitud debo cambiar para que se manifieste el progreso esperado. Si cedes ante algo que bloquea la devoción (tal como la duda), puedes bloquear la energía misma que está apoyando tu éxito. En vez de retirarte a una zona de comodidad que te hace sentir seguro— pero que de ninguna manera te acerca a la abundancia que buscas— puedes usar tu duda para descubrir cómo dar el paso siguiente. Ese próximo paso tal vez sea justamente el que te lance a un nivel de abundancia desconocido hasta ahora.

E. Ten la expectativa de que suceda

Si has colocado tu enfoque y energía en los pasos anteriores, la progresión natural será que esperes que ese sueño, esa visión, se manifieste. Mantendrás la expectativa en tu compromiso continuo porque ya has aceptado que tus oportunidades seguirán ocurriendo.

Un primo hermano de la esperanza es el *entusiasmo*, que es una manera de llamar a la energía divina. Cuando vas dentro de ti, más allá de tu mente, tus emociones, y tus dudas, puedes contactar esa energía espiritual y traerla para mejorar tu vida. También puedes compartirla con otros y hacer una contribución tangible para mejorar el mundo a tu alrededor. Cuando aprendes cómo hacerlo y te consagras a ir dentro de ti (contactando la energía divina), descubrirás como una realidad, que Dios está de tu lado. Cuando Dios está contigo, ¿quién puede estar en tu contra? Aquellos que no han experimentado su propia conciencia expandida pueden tratar de frustrar tu éxito, pero tu perseverancia sobrevivirá a su negatividad, mientras mantengas tu enfoque positivo en aquello que funciona para ti. De hecho, si has dado los pasos entre la **A** y la **E**, *has* aprendido a enfocarte en lo que funciona para ti.

F. Finalízalo

Completa la acción. No asumas que algo está concluido por el hecho de encontrarte mental, física o emocionalmente cansado. Si estás lavando el auto y declaras terminada la labor cuando alguien te ofrece una bebida fresca, te estás engañando y malogrando el proceso de moverte hacia tu propia prosperidad. "¿Qué?", preguntarás. "¿Puede algo tan pequeño como esto bloquear mi prosperidad?". Muchas cosas pequeñas, sumadas, pueden crear un bloqueo grande.

Cuando naciste fuiste dotado de energía y tu vida es la medida de tiempo que te ofrece la oportunidad de expresarla de la manera que elijas. Esa es tu verdadera libertad de elección: cómo eliges utilizar tu energía. Una parte tuya conoce siempre la verdad. Sabe si realmente terminaste de limpiar el auto. Sabe si seguiste tu dieta. Sabe si hiciste 15 o 20 flexiones. Sabe si hiciste 30 minutos o una hora de meditación o ejercicios espirituales; no importa lo que te digas a ti mismo.

Cuando te comprometes a hacer algo, no debes ceder ante el poder de "no lo haré" y no terminarlo. A cambio de ello puedes utilizar tu energía, tu fuerza de voluntad, para completarlo. Cuando completas las cosas, cuando dices la verdad (a ti mismo y a otros), no hay nada que tengas que recordar, ninguna cosa por hacer, ni desengaños que te quiten tu preciosa energía. Es cuestión de perseverancia, de resistir hasta el final, a pesar de las tentaciones. Hazlo. Llega al final. El dicho aquél de que "gana quien persiste hasta el final" es acertado. En este proceso, la meta no es la línea delante de ti. Es la línea que ves mientras cruzas. ¿Te detienes en el mismo segundo en que la cruzas? No necesariamente. El momento de finalizar una tarea con devoción, puede impulsarte más allá de tus intenciones originales. El resultado de esto pueden ser recompensas sorprendentes que sobrepasan tus expectativas.

Las recompensas de finalizar son mucho mayores que el lado negativo, que es para usar una expresión coloquial, rendirse o largarse. En cambio, resiste más allá de cualquier temor, tentación o frustración. Aunque tengas que cargar estos elementos mientras estés terminando con aquello que te comprometiste, *termínalo* de todas maneras. Entonces la próxima vez, el miedo y las frustraciones no tendrán el mismo peso, el mismo poder para hacer difícil el viaje. La próxima vez podrás descartarlos más pronto y disfrutar del compromiso hasta que lo termines y ganes las recompensas.

G. Gana y crece

Si no ganas, no puedes crecer. Existe una ley inmutable de biología: Crecer o desaparecer. Si no creces, te mantienes retrocediendo hasta sucumbir. Puesto que estás viviendo, tiene sentido escoger conscientemente mantenerte creciendo porque esa es la naturaleza inherente al organismo llamado ser humano. Esto no se hace sólo afirmando que ganarás y crecerás. Se hace, una vez más, actuando para apoyar esa dirección positiva. ¿Qué necesitas para ganar en tu profesión? ¿Más información? ¿Mayores habilidades? Toma esas clases, lee esos libros. Observa que está en plural: no sólo uno, sino tantos como se requieran para implementar tu éxito.

¿Cómo sabrás cuándo has hecho suficiente? Cuando tu éxito comience a manifestarse. Algunas personas detienen su crecimiento en ese punto, satisfechas con los resultados iniciales. Eso está bien, si eso es cuanto desean. Pero te recuerdo: "crecer o desaparecer" es un eterno proceso en este planeta y te está diciendo que continúes. Esa es la naturaleza de una de las fórmulas del éxito.

Si decides no ganar ni crecer, puedes lamentarte siempre, una y otra vez. Puedes quejarte, o puedes elegir ir más allá de las quejas al crecimiento, siguiendo con lo que funcione y trabajando en ello como si no hubiera un mañana. Con este compromiso puedes ganar nuevas vías en tu creatividad, que pueden llevarte a una maravillosa libertad. No tienes que quejarte cuando te encuentres con obstáculos, sino reconocer que cualquier obstáculo puede usarse como un escalón para avanzar. No tienes que maldecir el obstáculo, pero puedes encontrar la manera de aprovecharlo para ir más lejos, hacia lo que quieres. Si te comprometes a realizar sólo acciones positivas, las oportunidades son excelentes para lograr cooperación en todos los niveles incluyendo el físico, emocional, mental, subconsciente y supraconsciente.

Cuando clarifiques una meta en particular, hazla manejable. Las metas a largo plazo están bien, pero no ignores la meta a corto plazo. ¿Por qué hacer de la riqueza, la salud y la prosperidad un objetivo a largo plazo? ¿Por qué no hacer de ello también una meta inmediata? Si está claro que quieres eso realmente, entonces puedes apoyarlo ahora mismo. ¿Cómo? ¿Qué tal apagando ese cigarrillo? No, no hagas de la *próxima tajada* de pastel de chocolate la última indulgencia en el camino de la salud; haz que la última tajada de pastel de chocolate que comiste sea la última. ¿Comprendes? Comienza haciendo esas cosas que apoyan tu meta, ahora mismo. Si haces de tu meta algo demasiado lejano en el futuro o poco razonable (no realista), también aplazas hacer esas cosas que hacen tu meta realizable y realizada.

En el camino hacia tu meta puede haber algunas dificultades. ¿Por qué? Porque tener una meta positiva significa que has decidido crecer y ganar. A veces, como parte del crecimiento, aparecen dolores crecientes, pero no tienes que enfocarte en ellos. Como reza el aforismo, "Pon el ojo en la rosquilla, no en el hueco".

H. Llegar invicto a tu meta

Esto es lo que todos queremos. Tu meta significa el lugar hacia donde vas, las personas que eliges como tus seres amados, los actos de compartir y cuidar, la alegría de ser: todo esto está presente.

Si pruebas estos ocho pasos por lo menos durante 32 días consecutivos, las probabilidades apuntan a que tu vida mejore considerablemente y estarás camino a casa.

A. Acepta tu oportunidad
B. Comienza a ir por ello
C. Comprométete
D. Dedícate a tu meta y a tus sueños
E. Ten la expectativa de que suceda
F. Finalízalo

Gana y crece
Llegar invicto a tu meta

4

El Momento de la Abundancia, el Espíritu y la Precipitación

"¿Qué es lo que le permite a alguien cambiar de conducta, para dirigirse desde de la conciencia de pobreza, hacia una de abundancia espiritual y afluencia material?".

*L*a abundancia, aún cuando está disponible ahora mismo, no siempre llega en la forma y en el momento en que la deseas. Si has pasado muchos años expresando la negatividad que se manifiesta como bloqueos (piedras) en el canal (manantial) dentro del cual fluye la abundancia, entonces va a ser muy duro para ti. Esto no está destinado a desanimarte. De hecho, si eres inteligente, usarás esta información para comenzar a hacer lo que sea necesario, ahora mismo. En cambio de ceder ante esa parte tuya que desearía ya mismo sus "golosinas" o si no, "no jugará", puedes reconocer que sin importar tus deseos ni que sea el momento conveniente, el equilibrio y la limpieza tendrán que hacerse en algún momento, ya sea que te guste o no. Así que, ¿por qué no comenzar a trabajar y a aceptar que la recompensa llegará en su debido momento? Al enfocar el trabajo de tu vida de esta manera, no tienes que demandar que tus deseos se manifiesten de inmediato. En efecto, ésta es una buena oportunidad para aprender a manifestar paciencia.

Al ser paciente, una vez más se te llama a apoyarte a ti mismo en la plenitud de la fe, fe en que a medida que te equilibres y te aclares, la abundancia se manifestará para ti en el momento perfecto. En tanto, mientras te aclares, tienes la oportunidad de comportarte contigo mismo y con otros en la plenitud del Espíritu amoroso dentro de ti. Quizás te preguntes cómo podrás hacer eso, si no tienes lo que quieres ahora mismo; pero ¿es mejor enfocarte en tus necesidades insatisfechas y quejarte? Eso a nada conduce, excepto a crear sentimientos negativos dentro de ti. Al aceptar pacientemente lo que tienes y lo que no tienes, y al continuar actuando desde un lugar positivo en la "felicidad de la búsqueda", estarás manifestando alegría bajo cualquier condición. La alegría que viene con la aceptación es una experiencia especial que tal vez no hayas conocido antes. Y con el tiempo, en su momento apropiado, mientras mantengas el enfoque y realices acciones positivas, *la abundancia llegará*. El truco está en pasarla bien mientras tanto. Y mientras tanto no tiene por qué ser algo "desagradable". Esta vida realmente es sólo una jornada, así que se puede también disfrutar el paseo.

Al enfocarte en lo que quieres, avanzarás más si permaneces equilibrado. Parte del equilibrio es reconocer que la abundancia que llega es la abundancia de Dios. Como tal, es una bendición para todos. Si piensas que la abundancia es únicamente para ti, como persona individual, no estamos hablando de la misma abundancia. Tal vez estés hablando de codicia personal.

¿Podemos obtener abundancia de la codicia? Si, podemos, y también podemos conseguir todo lo que viene con ella. (Con el costoso auto deportivo pueden venir tasas más altas de seguros. Con una actitud de codicia viene la separación de los demás y, posiblemente, de la parte de Dios dentro de cada uno de nosotros). Cuando obtenemos cosas a través de la abundancia de Dios, también obtenemos una bendición espiritual en la medida en que compartimos ese regalo. Cuando obtenemos algo a través de la codicia, lo cual con frecuencia significa hacer que otra persona pierda, estamos, por nuestra cuenta, queriendo decir que podemos tener gran dificultad en tener acceso a la guía o al apoyo divino.

La verdadera manifestación incluye tener conciencia de la Divinidad dentro de ti. En la medida en que creces en tu abundancia divina, la abundancia se perpetúa por sí misma y puedes manifestarla aún más. La Biblia dice: "Así alumbre vuestra luz delante de los hombres, de modo que vean vuestras buenas obras y glorifiquen a vuestro Padre que está en los cielos".[4] Esto implica que tienes una conexión con lo Divino, la cual está permitiendo que la Luz brille a través de ti, como tú mismo. En esa bendita e increíble energía puedes funcionar en abundancia.

Cuando te sientas a meditar, o a hacer ejercicios espirituales, en silencio, en contemplación, puedes abrirte a los centros más altos del Espíritu dentro de ti, donde comienza la precipitación de la abundancia y permitirle que descienda. A medida que desciende se puede presentar como intuición, en rápidas imágenes, formas, colores y aún palabras que se forman en la mente para comenzar la manifestación. Algunas veces puedes darle energía con sentimientos y luego ejecutarlos físicamente. Cuando lo haces, el subproducto es el entusiasmo. Puedes tomar el entusiasmo y hacer cosas que nunca pensaste que fueran posibles. Con ese entusiasmo tenemos la habilidad de trabajar períodos más largos, permanecer enfocados, y realizar cosas como si fueran milagros, en un tiempo reducido.

---

[4] *San Mateo 5:16 (Versión Reina-Valera Actualizada).*

¿El entusiasmo, decae o se debilita alguna vez? Sí. El verdadero entusiasmo significa que estás participando de una energía que viene de Dios. En este planeta de limitaciones, si no te reconectas continuamente a la fuente, el Espíritu, la energía quizá comience a disiparse y posiblemente desaparezca. Así que es importante tomar tiempo para ti, para ti mismo, para tu Alma, que es parte de lo Divino. Toma el tiempo para reconectarte y despertar otra vez, de modo que el Espíritu se manifieste una vez más a la mente, las emociones y el cuerpo, y salga otra vez cabalgando en ese entusiasmo.

En un comienzo esto puede tomar más tiempo del esperado, pero a medida que practicas ir a tu interior, puede suceder más y más rápidamente. Con el tiempo, te reconectarás al entusiasmo del Espíritu tan rápido como tomas tu próxima respiración. Puedes inhalar conciencia y exhalar entusiasmo. Puede volverse tan regular como el latido de tu corazón.

Cuando has creado el hábito de reconectarte continuamente, la energía del Alma reemplaza a la personalidad como centro de conciencia. El Alma todavía hará uso de la mente, de las emociones y del cuerpo, como los vehículos a través de los cuales funciona, pero a diferencia de estar distraído por la personalidad, estarás enfocado desde el Alma.

Muchas personas se resisten a ir tras la abundancia y el éxito, haciendo y diciendo cosas que limitan. Algunas lo hacen porque temen al fracaso. Veo personas comportarse basadas en "No quiero el éxito, porque temo fracasar y caer. Prefiero quedarme con mis limitaciones, porque, al menos, estoy familiarizado con ellas". Eso es como si una persona permaneciera en una relación discordante con alguien, discutiendo y peleando pero manteniendo la relación porque siente que al menos ambos conocen las reglas. Pero existen otras opciones, además de entrar a los cuadriláteros de boxeo de la vida. En vez de acomodarse dentro de cualquier limitación que resulte familiar, ¿Por qué no permitirse una oportunidad osada y en realidad escoger el cambio? Yo sé que con frecuencia esto es difícil. Realmente lo es. Cambiar el comportamiento humano es algo que los gobiernos, los psiquiatras y las fuerzas autoritarias han tratado de hacer, y con frecuencia han fracasado.

Lo único que cambia el proceder humano es un ser humano que no sólo esté dispuesto a hacerlo sino que tenga el valor suficiente para lograrlo. ¿Qué es lo que le permite a alguien cambiar sus conductas de conciencia de pobreza hacia aquellas de abundancia espiritual y opulencia material? Quizás cuando alguien haya tenido abundancia de fracasos, cuando alguien llegue a estar tan cansado y enfermo de estar enfermo, podrá ir a su interior y escuchar la voz del Espíritu que le dice: "La vida no está destinada a ser una sentencia dolorosa. Puedes tener alegría y abundancia y reconocerlas como tuyas."

¿Puede la oración asistirte a conseguir riqueza y a cambiar cualquier comportamiento limitante? Si oras para que Dios te lo conceda mientras permaneces en tus malos hábitos, lo dudo. Sin embargo, si rezas para despertar el poder que está dentro de ti, si rezas para que la Divinidad te muestre el camino, y si tienes *el talento y el valor para levantarte y hacerlo*, sí, la oración puede ayudar. Una vez más, "Rézale a Dios, pero continúa remando hacia la playa". Pero rema con paciencia. Sigue remando a pesar del tiempo, de las olas, de las tentaciones que puedan distraerte. No tienes que preocuparte por estar atrasado en tu horario o por cometer errores. Las agendas son elaboradas por hombres y mujeres, no por Dios. Dios no está usando el gran reloj del cielo. Dios está siempre presente aquí y ahora, sin ningún lugar a donde ir porque Dios *simplemente es* para siempre en todo.

Si no tienes la idea, la respuesta, la información que te diga qué puede hacerse, cuándo y dónde, relájate. Haz lo que debe hacerse en el presente. ¿Tienes que ir al baño? Hazlo ahora. ¿Tienes que contestar el teléfono? ¿Tienes hambre? ¿Necesita tu cuerpo un poco de ejercicio? ¿Hay alguna energía profunda que te esté diciendo que vayas a meditar? Hazlo. Maneja las cosas sencillas ahora mismo. Deja que el proceso trabaje por sí mismo, mientras te ocupas de las necesidades prácticas. Ese proceso consiste en que tengas fe en que el "Espíritu en mí está trabajando y me proporcionará lo que necesito, cuando lo necesite".

La fuente de esta abundancia está presente dentro de ti como la vibración del Espíritu. No puedes exigirle porque así no funciona, nada más. El Espíritu no parece responder a exigencias ni intentos de manipulación. Lo mejor que puedes hacer si quieres apoyar la manifestación de abundancia, es encargarte de lo que debe realizarse en lo físico, y luego quedarte tranquilo. Quédate tranquilo. Silencio. Meditación. Cálmate para que puedas recibir la conciencia divina dentro de ti, y ella manifestará abundancia.

Imaginación

En tu imaginación, puedes visualizar aquello que deseas que suceda. Sé muy específico y preciso. El Espíritu es eficiente. Las imágenes que mantienes en tu mente son importantes porque se manifiestan como pensamientos que tienen su propia energía. Por lo tanto, sé responsable de ellos, porque lo eres, te guste o no. Una manera importante de ser responsable con lo que te imaginas, es pedir que suceda únicamente si es para el bien mayor que a todos concierna.

Sintonización

Después de la imaginación viene la sintonización. Con el objeto de sintonizarte con las energías espirituales y obtener todo el apoyo proveniente de esa fuente, necesitas sintonizarte con los diferentes niveles del Espíritu.

Las escrituras sagradas nos hablan de cinco niveles inferiores, o planos de existencia espiritual: físico, astral, causal, mental y etéreo. Cada uno de estos planos existe tanto dentro de cada individuo como fuera de él. Cada plano corresponde a un nivel de expresión o de conciencia.

Nivel físico:	la conciencia física
Nivel astral:	la imaginación
Nivel causal:	las emociones
Nivel mental:	la mente
Nivel etéreo:	el inconsciente

Estos reinos existen para darle a cada Alma la oportunidad de experimentar todos los aspectos y todos los niveles de la creación. Al aprender cada nivel, completando la experiencia en cada uno y llegando al entendimiento de las "ilusiones" contenidas en el respectivo nivel, cada uno de nosotros se acerca más a su meta de conocimiento consciente de su propia Alma y se convierten en cocreadores con Dios y bajo su poder.

Es una ventaja residir en el cuerpo físico porque a través de ese vehículo, podemos tener la experiencia de todos los otros niveles. Podemos experimentar expresiones físicas, imaginativas, emocionales, mentales, e inconscientes. Aprendemos que podemos crear en cada uno de estos niveles, y que podemos crear belleza o fealdad, sueños a través de los cuales alcanzar nuestra plenitud o sueños a través de los cuales autodestruirnos. Podemos crear felicidad e infelicidad, una mente brillante, activa, creativa, o una mente llena con la estática de demasiados recuerdos, y las expectativas irreales del futuro. Podemos crear y mantener una dirección consciente sobre nosotros mismos o permitirle a los impulsos inconscientes de nuestra personalidad que nos controlen y dirijan. Estas opciones —usos positivos o negativos de la energía— existen para cada individuo.

También se afirma que por encima de los cinco reinos inferiores están los reinos positivos del Espíritu puro. Los reinos inferiores constituyen el polo negativo de la creación divina; los reinos más elevados constituyen el polo positivo. Estos no son ni buenos ni malos; son como los polos positivo y negativo de una batería. Tanto el polo negativo como el positivo son necesarios para que la batería funcione. Así también los reinos negativos y los positivos juntos activan la existencia, aquello que llamamos vida. Cada Alma despierta a los planos inferiores antes de moverse hacia la cocreación con la Divinidad.

En los reinos más elevados, la creación todavía continúa. En los planos inferiores, sin embargo, la creación *está completa*, o por lo menos establecida en altos grados de posibilidad o probabilidad. Aquellos que profetizan lo hacen con base en lo que prevén como altamente probable, pero esas cosas pueden cambiarse a través de lo que tradicionalmente se conoce como la gracia de Dios. No permitas que las palabras te bloqueen. Existe la posibilidad de que puedas, aprendiendo cómo entrar en la conciencia de gracia, cambiar esos patrones de vida que han sido establecidos como probables para ti.

A medida que una persona entra en la gracia de Dios (por medio de las buenas obras), es posible para ella recibir la gracia y cambiar sus patrones de conciencia de pobreza, por unos de abundancia y prosperidad.

Me adelanté a mirar algunas de las cosas que estaban por llegar a mi camino y me di cuenta de que a través de esa conciencia de gracia que le concede el Espíritu Santo al género humano, podía precipitar una recreación dentro de esta realidad física, que fuese completa. La alegría es indescriptible al pensar que, aunque generalmente esa realidad está completa, a través del Espíritu Santo o de lo Divino, a través de moverme dentro de esta conciencia, puedo generar nuevos patrones por encima de las cosas "posibles" o "probables" y cambiar por completo el viejo patrón profético.

También a ti te es posible dirigirte hacia este tipo de acción. Cuando lo hagas, estarás confrontando y estarás sobreponiéndote a todas las condiciones establecidas por tus actos del pasado, y creando en una conciencia divina, a través de todos los universos en los cuales puedes viajar.

Estas acciones suceden a través del poder de la gracia, que es como la Divinidad estuviese diciendo: "...puedes hacer esto porque tú y yo somos uno y estás trabajando como Mi representante. En esta acción donde Me represente, todo tiene que entrar bajo tu dominio. La jerarquía angelical, todas las leyes, todas las formas de la naturaleza son ahora tuyas para comandarlas. Si quieres que así sea, así se hará. Si lo deseas, se manifestará. Aún antes de que lo necesites, allí estará". Pero toma nota de que el comienzo de esta expresión teórica de la Divinidad dice: *"Tú y Yo somos uno"*. Ese es el fundamento sobre el cual descansa la gracia, y eres tú quien tiene la oportunidad de establecer ese fundamento por medio de tus elecciones y de tus acciones.

Sé que esto es acertado porque compruebo a fondo las ideas: trabajo con cada una antes de mencionarlas como algo que funciona. Voy a grandes extremos para estar seguro de que estas cosas funcionarán. Inclusive voy en contra de la semilla de una creación para ver si realmente funciona, antes de presentarla como una verdad factible, no sólo como una hipótesis. Quizás la tomes como una teoría si aún no la ves, pero tan pronto como la veas y *trabajes* con ella, entonces podrá manifestársete. Por ejemplo, a veces te resultará difícil expresar de manera científica tus experiencias emocionales, de modo que alguien más pueda saber objetivamente lo que quieres decir. Sin embargo, si le hablas de tus experiencias, la otra persona dirá: "Sí, cierto, eso lo entiendo". Eso te indica que la gente puede saber cosas más allá de lo que pueda explicarse científicamente. Existe un factor común dentro de nosotros, que reconoce muchas de las experiencias de otros.

Precipitación

Llamamos precipitación a la habilidad para recrear, para cambiar patrones probables. Es la habilidad de precipitar a la realidad física aquellos productos deseables que creas en un nivel más elevado que el físico. Cuando Moisés conducía a través del desierto al que se conocía por aquel entonces como el "pueblo elegido", precipitó maná del cielo para alimentarlos. Fue capaz de sintonizarse en el punto focal de la precipitación y traer el sustento a través de los patrones de energía del Espíritu. Moisés restableció una creación completamente nueva para la gente que estaba a su alrededor, cuando parecía que no había más que "desierto".

Al avanzar en el tiempo, tenemos a Jesús, quien fue muy bueno para abrirpuertas. Seas o no cristiano y creas o no en Jesús como hijo de Dios, efectivamente, El abrió una puerta para que el género humano pasara a través de ella. Demostró muchas habilidades, incluyendo la precipitación. Tomó algunas rebanadas de pan y algunos pescados y precipitó más de esas mismas cosas; El trajo más y más, "pidiéndolas" y alimentó a las multitudes. ¿Puedes imaginar el nivel de habilidad que alcanzó? Imagina la habilidad que alcanzó Moisés en todos estos fenómenos. El realmente hacía aparecer cosas. Muchos maestros han alcanzado igual capacidad y son capaces de precipitar y materializar objetos para la gente.

Podemos tomar esta habilidad de la precipitación y utilizarla de diversas maneras prácticas y en muchos aspectos de nuestra vida. Probablemente no desarrollaremos en forma inmediata la maestría que han demostrado algunos maestros hindúes o Jesús o Moisés, pero podemos alcanzar a desarrollar esta habilidad y aprender a volvernos maestros en ello. Parte de la maestría estriba en mantener la personalidad sintonizada con lo que realmente está sucediendo, y en lograr que nuestra mente, emociones y cuerpo estén en línea con lo que es. Lo que *es*, no lo que nos gustaría que fuese. En este alineamiento, podemos recibir apoyo espiritual para completarlo y, así, la resultante manifestación de abundancia.

Cuando se utiliza para completar algo, la energía está a tu alcance como una nueva fuente para el éxito, porque has ganado las recompensas de la sintonización apropiada en todos los niveles. Cuando tienes esa sintonía, hay una energía irresistible que puede afectar el subconsciente de otros. La gente puede percibir esta energía y sentir atracción hacia ti, seducidos por tu sintonía, porque estás en sintonía con tu medio ambiente. Esto te da la habilidad de trabajar con autoridad. No se trata de una autoridad dictatorial, sino de una autoridad ganada a través de conocimiento, experiencia y paciencia, una autoridad en términos de manejar responsabilidades y cumplir compromisos. Las personas que tienen éxito en el manejo de la autoridad han demostrado la habilidad de hacer lo que se debe hacer en ese momento, y de realizar el acto apropiado.

Con la identificación, la imaginación, la sintonía y la acción adecuadas estás declarando lo que va a manifestarse como tu abundancia. Y llegará de la manera más efectiva, para tu bien mayor. Quizás hayas estado programando un Porche, por ejemplo, pero de alguna manera llegó el dinero para un auto mucho menos costoso. ¿A qué se debió? Tal vez las fuerzas espirituales se alinearon con tu sintonía, creando las condiciones en donde no tuvieras un auto que te tentara a conducir erráticamente a grandes velocidades, poniendo en peligro tu propia vida y las de otras personas.

¿Puede el Espíritu trabajar tan específicamente? Cuando estás bien sintonizado, sí. El Espíritu puede trabajar de manera tan específica como para poner a alguien delante de ti conduciendo un auto exageradamente despacio. En vez de impacientarte y hacer sonar la bocina, imagina que el Espíritu envió a esa persona para desacelerarte y evitar un drástico accidente más adelante.

Puedes sintonizarte a ti mismo con los niveles espirituales, si vas dentro de ti. Un subproducto de esto es tener acceso a la protección divina y manifestarte abundancia en cuestiones que pueden ir desde el tráfico, hasta la salud, riqueza y conciencia interna de lo espiritual. Tal clase de sintonía es, ciertamente, para el bien mayor.

Esta abundancia, sin embargo, no es para acumularse porque podría disiparse, y la alegría que pudiera traer, desaparecería. Existe una expresión muy apropiada: *"Se espera mucho, de quien mucho recibe"*. Una vez que se te han mostrado las leyes de la manifestación, de ti se espera que manifiestes abundancia para otros, y con otros. En la medida en que incluyas a otros, tu abundancia puede manifestarse en niveles aún más elevados. En lugar de pensar en términos de "yo", te refieres a "nosotros" en tu familia y tu comunidad inmediata, lo cual permite que el compañerismo vaya a donde lo dirige el Espíritu, mientras, al mismo tiempo, manejas responsablemente este nivel físico.

Se ha dicho: "Todos ustedes sois dioses. Todos sois abundantes. Todos sois creadores". A medida que lo sabes y experimentas la alegría de ser parte de ello, puedes experimentar la facilidad de crear abundancia, compartirla, y crear todavía mayor abundancia, como un proceso continuo de reabastecimiento, todo en la sincronización perfecta del Espíritu.

5

Encontrando los Tesoros Escondidos

" La prosperidad, en términos de valor real, tiene que enriquecer a los seres humanos involucrados".

Cuando se menciona la prosperidad, de inmediato mucha gente piensa en la prosperidad material. Trasladada a cosas específicas, puede tratarse de una casa con hipoteca manejable, un auto completamente pagado y dinero suficiente en el banco como para no tener que preocuparse de no tener suficiente dinero en el banco.

Cuando hablo de prosperidad, sin embargo, el área material es secundaria. ¿De qué sirven todos los bienes si no tienes la capacidad para disfrutarlos? Si tu vida interior está llena de angustia y ansiedad, todo el ropaje exterior no te lleva a una vida de prosperidad. Para disfrutar verdaderamente el lujo y el confort físicos, necesitas tener capacidad de alegría dentro de ti.

He estado en teatros, cines y conciertos donde un comediante hace una presentación de rutina, y la gente ríe en forma estruendosa. Simultáneamente, otros permanecen allí sentados en un silencio de piedra con la risa adormecida dentro de ellos. Aún cuando pagaron el mismo precio por los boletos, los últimos pueden estar aburridos, mientras que los primeros se divierten a plenitud. Algunas veces, desde luego, es cuestión de gusto personal en el humor; y otras veces es un asunto de capacidad para acceder a la alegría interna. Si tienes fuertes sentimientos de culpabilidad o de contrariedad y vas a escuchar a un actor cómico, puede ser difícil que la risa llegue si no eres capaz de deshacerte de esos sentimientos. Si tus emociones te están gobernando, también puedes limitar tu capacidad para disfrutar tu prosperidad externa. La prosperidad interior no necesariamente producirá abundancia material, pero ciertamente es necesaria si estás enfocado es disfrutarla.

La abundancia material es también más accesible si estás internamente equilibrado. Parte de ese equilibrio se refiere a ser uno con lo que suceda en el presente. Esto no necesariamente significa que te guste o lo prefieras sino que lo aceptes sin juzgarlo. Si tienes un resfriado, puedes maldecir los elementos, culpar al clima y estar muy contrariado, pero ¿cómo te ayuda eso a ti o a tu gripe? Otra opción es aceptar el resfriado y hacer lo mejor bajo esas condiciones e inclusive disfrutarlo. ¿Cómo se puede disfrutar un resfriado? Bueno, en vez de sentir resistencia, furia o contrariedad, relájate, descansa, disfruta la pausa de tu jornada habitual de trabajo, bebe muchos líquidos, mira televisión o lee un libro y, en general sólo recuéstate y dale tiempo a tu cuerpo para reponerse. Un resfriado puede ser un recurso de tu organismo para decir que necesita reposo. Como tienes pocas opciones ¿Por qué no disfrutar del descanso?

Cooperar con lo que está sucediendo contribuye a la unidad: un equilibrio y una tranquilidad interior que son la esencia de la verdadera abundancia. Si persigues lo material con una actitud de tranquilidad (no de codicia), cuando lo consigas probablemente tendrás la capacidad para disfrutarlo sin sentirte atrapado por ello.

Cuando las personas consiguen una cosa material que han estado anhelando, algunas veces se vuelven adictas a ello. Por ejemplo, conozco a un hombre que, después de muchos años, adquirió un costoso auto importado. quiero decir, que era *muy costoso*. Cuando lo conducía se preocupaba porque otros vehículos en la carretera se le acercaran demasiado, así que a veces conducía muy rápido y a veces demasiado lento. Cuando llegaba al estacionamiento de un almacén a menudo lo asaltaba la inquietud de que otras personas estacionaran demasiado cerca y le rayaran el auto al abrir las puertas. Su vida se convirtió en una gran preocupación respecto al bienestar de su auto, todo a expensas de su propio bienestar personal.

Un día mientras asistía a un taller de elevación de conciencia, le robaron el auto. Cuando se dio cuenta de esto, le entró pánico, aún cuando estaba totalmente asegurado. Pero cuando llegó la policía, algo le ocurrió a mi amigo. En lugar de quejarse y estar contrariado, soltó una carcajada. La policía no entendía su risa ante el hecho de que le hubieran robado su costoso automóvil. Reía porque finalmente comprendió que, para él, no se trataba de que le hubieran robado el auto; era un asunto de sentirse aliviado, de liberarse de su obsesión. Reconoció que había sido esclavo del auto en vez de que el auto le hubiera servido. Ahora que ya no lo tenía, estaba libre y había recobrado toda esa energía que gastaba en el auto, para usarla como deseaba. Estaba, una vez más, completo.

Estar completo significa poder elegir cómo usar nuestra energía. Nuestra energía es tal vez la cosa más valiosa sobre la cual tenemos dominio. Tenemos demasiada energía. Es como si naciéramos con un cierto consciente, y la manera como lo empleemos es parte de nuestra libertad de elección. Yo supongo que cuando nos expresamos por medio de la ira, la codicia y la lujuria gastamos enormes cantidades de energía. Cuando expresamos cuidado amoroso y consideración, supongo que nuestra energía se reabastece, como cuando obtenemos intereses en una cuenta de ahorros.

Cuando animo a las personas a superar las tentaciones de la codicia, no lo hago partiendo de una posición moralista. Más bien estoy siendo práctico. Si la codicia produjera alegría verdadera, quizás no sugeriría que fueran más allá. Pero la codicia corrompe y corroe nuestro regalo de energía. Limita las oportunidades de disfrutar el fruto de nuestros esfuerzos.

La prosperidad, en términos de valor real, debe enriquecer a los seres humanos involucrados. Si le compras una cosa a alguien, existe una oportunidad para que cada uno de ustedes se enriquezca con un trato justo. Como resultado, ambos, seres humanos, pueden salir de la transacción con una experiencia de valor aumentado no sólo a nivel material, sino a nivel de intercambio humano. Aún cuando los precios fluctúen, el ser humano no tiene precio. En este planeta debe haber cosas enormemente costosas y lujosas, y son de escaso valor verdadero si no te conectas con los tesoros internos.

Estos tesoros internos son descritos por algunos como el verdadero *yo* o la esencia; según otros, son tesoros escondidos. Los tesoros están escondidos, pero sin embargo, disponibles. Encontramos tesoros en la *personalidad,* la cual incluye nuestro pensamiento, las *emociones, el cuerpo, y cómo juntamos todo esto y lo expresamos en el mundo.*

Cuando damos rienda suelta a la codicia o a los pensamientos negativos, podemos corromper parte de ese tesoro. Pero, si miramos a otra persona no como a un competidor, sino como a otro ser humano con quien podemos negociar para que cada uno de nosotros tenga una experiencia de respeto y ganancia razonable, nuestro tesoro no tiene por qué agotarse. De hecho, el tesoro puede aumentar a través de actos de aprecio y consideración por otros. Las escrituras de los diferentes grupos religiosos nos dicen que así como pensamos en nuestro corazón, en eso nos convertimos.

Pensar en nuestro corazón es conectar una cualidad emocional amorosa con el contenido de la mente. De otra manera, pensar puede limitarse a una experiencia intelectual. El intelecto, sin cariño, resulta frío y estéril y no es exactamente una experiencia de abundancia. A la inversa, si tenemos sólo emociones, podemos no estar teniendo acceso a nuestra sabiduría. Pensar en nuestro corazón incluye la habilidad para ver aquello que está presente y reunirlo en una cadena de pensamientos sobre la cual podamos movernos físicamente mientras compartimos con otras personas.

Es importante purificar nuestro pensar, porque nuestros pensamientos nos guían en este mundo. Es como mi amigo con el auto costoso: si sus pensamientos hubieran sido que el auto era un ser inanimado que tenía que servirlo y que, con el tiempo, se oxidaría y se rayaría, hubiese tenido mayor libertad para disfrutar del auto. Fue su actitud lo que hizo de esto una experiencia limitante, no un hecho de la realidad.

Los tesoros escondidos también están localizados en otro lugar: Están ocultos bajo el tiempo. De una pequeña bellota puede crecer, con el tiempo, un poderoso roble. Alguna vez el Gran Cañón fue un pequeño barranco. Alguna vez tú y yo fuimos niños y gateamos con los pañales mojados. Cómo crecemos o cómo resistimos al crecimiento, es asunto nuestro. El tiempo pasa a pesar de nuestro nivel de cooperación. El *tiempo*, conocido en otras palabras como *vida*, tiene su manera de traer consigo las lecciones que debemos aprender. Si aprendemos de manera difícil o sencilla es cosa de cada uno, al igual que la cantidad de tiempo que tomemos para aprender.

En esta vida hay tesoros que están esperando que los descubras. A veces estarás poco dispuesto a hacer el esfuerzo para ponerlos al descubierto, pensando que puedes hacerlo más tarde porque requiere mucho esfuerzo reclamarlos. Podría ayudar si comprendieras que ahora estás en tus "más tardes". ¿Por qué postergar el descubrimiento de los tesoros que están dentro de ti? No tienes que ser una víctima del tiempo. Puedes ponerte en marcha ahora mismo y usar el tiempo como un aliado, en lugar de verlo como un obstáculo.

Desde luego, mucha gente no escogerá el camino "recto y estrecho" y, como resultado de no resolver los asuntos en todos los niveles, caerá en dificultades, en problemas. Lo interesante es que, inclusive para los que van en esa ruta, los tesoros también se hallan escondidos en los problemas. Existe una antigua canción religiosa que dice: "Nadie sabe las penas por las que he pasado". Cuando estás abatido y desconcertado y no existe otro lugar para ir, estás tan bajo que no puedes descender más y hasta la zanja te parece que está por encima de ti, entonces tienes la oportunidad de intentar algo que has estado evitando. Podría tratarse de saber la verdad acerca de quién eres realmente. Esto no tiene que ser una revelación ni un ritual, sino un momento de conectarse con la esencia que hay en ti (sin importar cómo la llames), sin encubrirla ni protegerla, sólo diciendo la verdad. Podría ser pidiendo "auxilio". Si dices esto, pidiendo asistencia sin condiciones, si tu corazón está en la palabra, podrías obtener la ayuda que pediste. Recuerda, sin embargo, que la ayuda puede llegar con frecuencia en formas diferentes a aquellas que esperas. Dudo que consigas dinero para el alquiler como maná caído del cielo, pero acaso tengas la intuición de cómo conseguir un empleo mejor pagado. Quizás no consigas de inmediato la pareja que quieres, pero puedes obtener claridad acerca de cómo mejorar tus relaciones.

De ti depende aceptar la ayuda y ponerla en acción. Necesitas tomar la información ofrecida, sopesar las posibilidades y las elecciones y luego comenzar a hacerlo. Muchas personas han tenido grandes ideas, las han escrito, y después no han hacho nada al respecto. Años más tarde, una de esas iniciativas se convierte en producto de inmenso éxito debido a que otro hizo algo con la misma idea. La persona tal vez diga: "Tuve primero la idea". ¿Y qué? Tienes una idea maravillosa y, a menos que hagas algo con ella continúa siendo sólo una idea maravillosa. Luego cuando la idea se frustra por negligencia, puede quitarte energía porque sabes, en lo profundo de ti, que si le hubieras dado lo mejor de ti y hubieras actuado, habría funcionado.

Es cuestión de actuar para apoyar tu meta. Esto puede significar hacer esa llamada telefónica que te resulta difícil, pero hacerla de todos modos. Puede significar estudiar para un examen, practicar y ensayar por mucho tiempo, o gastar menos y ahorrar más para que obtengas el entrenamiento necesario para triunfar. A pesar de las dificultades o de los problemas que se te presenten, si tienes la voluntad para persistir, vas a descubrir los tesoros escondidos dentro de los pliegues de las dificultades y los retos. Gana quien "aguanta" hasta el final.

En otras palabras, a medida que perseveras, eventualmente despertarás a otras fuentes donde los tesoros están escondidos: el automejoramiento. El Yo *interno,* el Yo verdadero, no necesita mejorar, pero el Yo *de la personalidad* puede muy bien necesitar mejoramiento para que logres el éxito que anhelas. Por un lado, si te ofreciera diez millones de dólares, ¿estarías dispuesto a cambiar? La mayoría diría que sí. Por otro lado, si te dijera que no sé cuando ni cómo conseguirás el dinero, pero que necesitas empezar a cambiar ahora mismo, podrías resistirse.

No existen garantías, particularmente en términos de tiempo ni de recompensas, pero si vas a conseguir lo que deseas, será mejor afrontarlo: hay que pagar. Dichos pagos no tienen que ser dolorosos. De nuevo, depende de tu actitud. Si te entierras con tu ego y rehusas cambiar, quizás te sumerjas en un círculo de resistencia. El éxito vuela alto y puede no encontrarte allá abajo. Una parte importante del automejoramiento está en la disposición para cambiar. Parte importante del cambio está en dejar ir las cosas.

Dejar ir cualquier cosa que se interponga entre el éxito y tú. Podrían ser aspectos de tu personalidad. Por ejemplo, puedes reír demasiado o sonreír poco. Puedes querer aprobación de una forma que resulta incómoda para otros. O tu personalidad puede estar bien equilibrada, y puede ser un asunto de bajar de peso, dejar el alcohol, el tabaco, las comidas fritas, los productos dulces o, inclusive los hábitos inconvenientes para trabajar. Cuando dejas ir algo que te limita, estás haciendo espacio para que lleguen la abundancia y la prosperidad ilimitadas.

¿Podemos tener paz interior y conectarnos con nuestros tesoros escondidos, y aún así mantener un equilibrio de abundancia en este mundo físico? Sí, y no siempre resulta fácil. Aún poniendo todos los tesoros escondidos a tu disposición, para tener cosas materiales, todavía tendrás que ir al mundo, esforzarte, y trabajar. El truco consiste en recordar mantenerte entrando y saliendo. Esa es la clave: entra y conéctate con aquel lugar donde todo es plenitud, felicidad y paz; luego, con esa alegría, sal y comparte tu consideración amorosa, tu sabiduría y tu equilibrio.

6

Diezmando a la Fuente

*"Nuestro trabajo es
volvernos conscientes de nuestra
herencia divina, y reclamarla
superando nuestra naturaleza
inferior, para que podamos vivir
en el conocimiento del Alma".*

*U*no de los errores fundamentales que tenemos como seres humanos es la codicia, la cual se manifiesta más que todo en términos de dinero o de valores monetarios. La codicia, por su misma naturaleza, es un golpe contra la riqueza dentro uno mismo, porque pareciera que nunca hay suficiente aquí en el mundo. Nuestros ojos andan siempre hambrientos.

Podemos ayudar a romper el patrón de codicia diezmando, dando el diez por ciento de nuestra riqueza personal. Cuando una persona diezma se activan dos niveles: un nivel aquí en este mundo y, al mismo tiempo, un nivel místico, invisible. El nivel místico es una comunicación que dice: "Eres abundante y manejas bien la abundancia; así que aquí te va más". El otro nivel, en este mundo, se da cuando miramos nuestra abundancia y contribuimos con alegría a través del diezmo. Estamos en verdad animados por ello. Esta acción establece un apoyo que es una forma de gloria en el ser humano, y esa gloria atrae más abundancia.

Cuando una persona se libera de la materialidad, es semejante a que una infección fuese en sentido contrario: en lugar de que la codicia afecte a los honestos, los honestos empiezan a afectar a los codiciosos.

Cuando Abram (conocido después como Abraham) viajaba de regreso a casa con sus tesoros de guerra después de pelear con un rey vecino se encontró con Melquisedec. "También Melquisedec, rey de Salem, quien era sacerdote del Dios Altísimo, sacó pan y vino y le bendijo diciendo... Y Abram le dio a él el diezmo de todo".[5] Tan pronto como Abram vio a Melquisedec, la sabiduría de su corazón supo que estaba mirando a uno que estaba con Dios. Supo que iba a dar un diez por ciento de todo lo que tuviera en el mundo al representante de Dios y así reforzar la ley del diezmo. Se estableció un convenio espiritual por el cual la humanidad da un diez por ciento de su incremento (lo que una persona recibe y que es de su propiedad) de regreso a Dios (o a su fuente de enseñanzas espirituales).

En tanto los seres humanos cumplan con su parte del convenio dando el diez por ciento a Dios, El cumple con la suya bendiciéndonos continuamente. Nuestro trabajo es estar conscientes de nuestra herencia divina y reclamarla superando nuestra naturaleza inferior, para que podamos vivir en la conciencia de nuestra Alma. Cuando damos el diezmo a la iglesia o a la fuente de nuestras enseñanzas espirituales —como representantes de la Divinidad— estamos haciendo que el mundo material nos deje ir. Así que el diezmo, como parte de una ley espiritual, nos asiste para liberarnos del confinamiento materialista.

También se diezma para perpetuar las buenas nuevas. Das a tu iglesia, sinagoga, mezquita o grupo, como si te estuvieras dando a ti mismo. De hecho, cuando las personas

---

[5] *Génesis 14:18-20 (Reina-Valera Actualizada)*

dan a la fuente de sus enseñanzas espirituales, en realidad sólo se están dando a sí mismas, en otra forma. Tu diezmo trae mayor y mayor solidaridad al grupo. Más aún, das como una manera de apoyar tu propio desarrollo y tu despertar espiritual. Estás aprendiendo cómo enfocar tu energía, como concentrar tu energía, y cómo revelar tu energía.

¿Cómo damos cuando damos? ¿Con una condición? ¡No! Cuando le damos un billete a alguien, lo dejamos ir. Cuando lo dejamos ir, la otra persona puede hacer lo que quiera con él. Así es el diezmo: cuando eres capaz de tomar del "sudor de tu frente", trasladarlo a un valor (por ejemplo, dinero), y darlo con gratitud.

En tiempos bíblicos, las personas que diezmaban, con frecuencia recibían centuplicado lo que habían dado. (Cuando recibían esta centuplicación entonces diezmaban de nuevo el diez por ciento de esto). Si diezmas pensando en una recompensa, sin embargo, no lo estás haciendo por la razón apropiada. Das como un reconocimiento de tu agradecimiento. Y, en primer lugar, el diezmo no te pertenece realmente. Sólo lo estás devolviendo a su justo dueño: Dios. Te abres a la corriente de la abundancia diciendo: "Estoy pagando el diezmo y ahora, Dios, estoy abierto a recibir cualquier recompensa que necesitase, aún cuando ni siquiera sepa lo que es". Puede ser buena salud, puede ser el nacimiento de un niño, puede ser que alguien te pague algo que te debía, puede ser que la enfermedad de tu esposa sane. Necesitas estar abierto para recibir. *El dar y el recibir* son ambos parte del proceso de pagar el diezmo.

Algunas personas dicen: "No me alcanza para pagar el diezmo". Sería más apropiado si dijeran: "No puedo *dar-*

me el lujo de no diezmar". Es como tener una bomba para sacar agua. Empiezas a hacerla funcionar y no sale agua. Pero si le echas un poquito de agua abajo y operas la bomba, sale agua. Diezmar es como preparar la bomba. Por supuesto la pregunta clave es: "¿Cuánta agua tienes que echarle antes de poder sacar un poco?". La respuesta es: "Le echas hasta cuando salga agua". En otras palabras, continúas dando el diezmo sabiendo que las bendiciones están presentes y te llegarán en el tiempo perfecto de Dios.

A las personas que dicen:

—Estoy en la ruina—.
—Envía 10 centavos—les respondo.

Alguien en una charla sobre diezmo dijo:

—Estos son mis últimos centavos— y los dio a su iglesia. Ese era también el dinero para el autobús de regreso a su casa. Alguien que vio hacer eso, le ofreció: "¿Lo puedo llevar a casa?".
En el camino de regreso a casa lo contrató para un empleo y le dio un anticipo de dinero. Comenzó a trabajar al día siguiente y los dos han estado trabajando como socios desde entonces.
—Quién lo hubiera creído—me dijo este hombre— di hasta la última moneda.
—¿A quién le importa que alguien lo crea?—le dije yo.
—Deberías hablarle a la gente al respecto—me dijo.
Así que lo hago.

Históricamente la gente ha tenido la tendencia a confiar en lo material para su éxito. En vez de confiar en la fuente de su abundancia para el éxito, confían en el dinero o en las riquezas. Entonces dejan de diezmar para disponer de más bienes materiales en los que puedan confiar. Por lo general no pasa mucho tiempo antes de que les suceda algo de naturaleza negativa. ¿Por qué? Algunos dicen que es coincidencia, y otros que por haberse olvidado del Señor. Se dice que si rompieses un acuerdo, por ese acto, habrás "renunciado" al Señor. ¿Se puede corregir? Claro que sí. Cualquier equivocación puede corregirse, y siempre podrás ponerte en "buenos términos" con Dios. Es sólo cuestión de pensar bien y obrar bien. Pensar bien es reconocer, como lo hizo Abram, que todas las cosas viene de la Divinidad. Obrar bien es diezmar a la fuente de tus enseñanzas espirituales, restaurando así la ley del diezmo como una acción continua en tu vida para que tu vida pueda abrirse a que las cosas florezcan de nuevo.

Es importante diezmar con amor en el corazón. No es suficiente dar el diez por ciento. Tiene que hacerse con amor, cuidado y deseo de compartir de la misma manera en que cuidarías de tu propia familia, o de las personas más queridas para ti. Hay algo que va más allá de dar el diez por ciento: es ser un donante alegre. Automáticamente das alegría cuando amas al Señor con todo tu cuerpo, mente y Alma. Esto es aprender a situar a Dios como primera cosa en tu vida. Si todo cuanto puedes dar son sólo 2 dólares, y esos 2 dólares son todo lo que tienes, y si los das amorosa e incondicionalmente, ello equivale a más del diez por ciento de aquellos que tienen mucho y no dan con una actitud alegre.

Una de las adicciones más difíciles de romper en el planeta es el carácter posesivo, la actitud de "me pertenece" y "esto es mío". No estoy diciendo que esta perspectiva es mala. Comprendo que cuando la gente trabaja por algo, considera que eso le pertenece. Esto puede ser acertado en un nivel, pero incompleto en un sentido más amplio. En este nivel de leyes humanas tenemos propiedad, y eso es adecuado. Lo que estoy subrayando es en no caer en la trampa de apegarte a lo que crees que te pertenece.

Cada uno de nosotros necesita reconocer que eso que nos pertenece, no es realmente nuestro, porque "Del Señor es la tierra y lo que contiene"[6].

En relación con lo que pensamos que nos pertenece, el acto de diezmar es una manera de decir: "No estoy apegado a este objeto físico. No estoy apegado a esa cosa llamada dinero. Al diezmar reconozco que toda mi riqueza se debe a que soy correcto con Dios. Cuando diezmo se expresa el Espíritu que está dentro de mí".

Esta actitud te bendice de modo que "las piedras y dardos de la ultrajante fortuna" nunca te tocan en realidad. Quizás puedan tocar tu personalidad, tu mente o tus emociones, pero si has invertido en el Espíritu de quien tú eres en realidad, "las piedras y dardos" se quedarán cortos.

Un amigo, saludable, feliz, y económicamente solvente, lleva pagando el diezmo de su ingreso bruto desde hace unos catorce años. En su trabajo, acostumbra a pagarle a un agente el diez por ciento del total que recibe, inclusive antes de deducir impuestos. Así opera la relación comercial con el agente. Cuando le pregunté por qué no deducía el diezmo para su iglesia de su entrada *neta* ("porque después de todo el gobierno se lleva una buena parte"), su respuesta fue:

---

[6] *Salmos 24:1 (Versión latinoamericana)*

—¿Por qué voy a darle al representante de la Divinidad menos de lo que le doy a mi agente?—.

Este hombre reconoce la fuente de su prosperidad y se asegura de expresar ese conocimiento de muchas maneras, una de las cuales es diezmando.

El diez por ciento de la cifra mayor en realidad facilita el asunto. Escuché que una mujer decía "Diezmo el diez por ciento y, si diera más, sería tan rica que no lo soportaría". Ella era muy rica a través de su cooperación con la ley del diezmo.

Cuando das el diezmo incondicionalmente, tu recompensa llegará de diferentes formas, incluyendo un relámpago de conocimiento del corazón de Dios. Podrías decir: "Esto vale como diez millones. ¿Cómo podría dar diezmo de esto?". La respuesta es que tú diezmas sobre el dinero que recibes. Lo demás llega a través de la gracia, y sobre la gracia no puedes dar diezmo; sólo se puede tener la abundancia de ella.

Cuando una persona se compromete a diezmar, algo dentro de ella funciona de manera diferente desde ese día en adelante. Las condiciones en el nivel físico pueden o no cambiar inmediatamente pero, adentro, puede obrar maravillas. Una experiencia muy común entre quienes dan su diezmo es que descubren que el noventa por ciento que queda después del diezmo rinde más que el ciento por ciento que tenían antes de haber comenzado a diezmar. Muchos experimentan una reducción en sus deudas. En efecto, dos personas que conozco, después de dos o tres años de diezmar, quedaron sin las deudas que los habían acompañado por más de diez años.

En estos y otros ejemplos es como si el acto de diezmar llevara a la persona a una mayor armonía y responsabilidad con su medio ambiente, y esto, a su vez, abre un espacio para que llegue mayor abundancia.

En Malaquías se pregunta: "¿Robará el hombre a Dios? Pues vosotros me habéis robado!...En los diezmos y en las ofrendas!".[7] La pregunta es, ¿Realmente se puede robar a Dios? No, pero el convenio puede romperse, y eso es robarle a Dios del convenio. Más adelante, en el mismo capítulo, se dice: "Traed todo el diezmo al tesoro... Probadme en esto..., si no os abriré las ventanas de los cielos y vaciaré sobre vosotros bendición hasta que sobreabunde".[8]

Así que tal vez quieras comprobarlo con una actitud gozosa diciendo:
"Señor, estoy abierto para recibir lo que sea con lo que quieras bendecirme". Y entonces descubrirás por ti mismo las bendiciones de cumplir el convenio de Dios.

---

[7] *Malaquías 3:8 (Reina-Valera actualizada*
[8] *Ibid 3:10*

7

Creando y Usando
tu Imán de dinero

*"Dar el diezmo a la fuente de tus
enseñanzas espirituales y a ti
mismo, es parte del proceso de
prosperidad que es tu herencia".*

¿ Te has preguntado alguna vez por qué los avaros tienen dinero? Porque se aferran a él. Tenemos la imagen clásica del avaro como un viejito encogido, que se aferra a su dinero, contando sus monedas sobre la mesa, una después la otra, y anotándolas sobre un papel. Una persona codiciosa que hace economía. Estoy seguro de que esta imagen no cuadra con muchas de las personas que tienen cantidades enormes de dinero, pero aún así podríamos preguntar, ¿por qué algunas personas atraen dinero hacia sí, mientras que otras no lo hacen? Existe la teoría de que si se tomara todo el dinero del mundo y se distribuyera equitativamente, en diez años encontrarías nuevamente el dinero concentrado en las manos de unos pocos. Ellos tendrían o controlarían la mayor parte del dinero. ¿Por qué sucedería esto? ¿Suerte? No. Es porque estas personas enfocan su conciencia, la mayor parte del tiempo, en el dinero. Yo animo el enfocar la atención sobre las cosas espirituales para llegar al Espíritu; a menudo ellos se enfocan en el dinero como si fuera una especie de dios, y lo atraen. ¿Es posible experimentar la abundancia espiritual y la abundancia económica simultáneamente? Sí.

Usemos la Biblia, como punto de referencia. Jesús dijo que "...porque El Reino de Dios ya está en vosotros".[9] Existe otra ley según la cual tomamos cierto porcentaje de nuestro dinero y lo damos a Dios que está adentro de nosotros. Una antigua sociedad mística lo llamó la Ley de Amra, que consiste en darte a ti mismo.

Le devolvemos a Dios una porción de lo que obtenemos, como una forma humilde y como una manera de reconocer a Dios como la fuente de nuestro abastecimiento. Si el reino de Dios está dentro de nosotros, entonces allí es donde reside Dios en una conciencia, no como ser total sino como esencia. Si esto es cierto, deberías estar pagándote un diez por ciento a ti mismo. Trabajas duro para conseguir tu dinero, muy duro. Entonces, cuando llega el día de pago, le pagas a los demás primero. Pagas tus cuentas e impuestos, y si queda algo, lo tomas para ti. Sin embargo, el diez por ciento de eso debería ir a Dios primero, no el diez por ciento de lo que sobre, sino el *primer* diez por ciento de aquello que recibas.

Cuando das para ti mismo (después de haber diezmado a la fuente de tus enseñanzas espirituales), entonces tomas el diez por ciento de tu pago y te pagas a ti mismo primero, en efectivo. No te pagues con cheque porque eso es un símbolo, y tienes que tener dinero en efectivo. Pagarte a ti mismo es pagarle al Dios que está dentro de ti, y esto se encarga de lo espiritual. Todavía puedes darle dinero a la iglesia, pero manténlo separado: "Este fondo es para la iglesia, éste para el auto, éste para alimentos, éste para ropa, pero primero éste es el fondo para mí". Te pagas a ti mismo antes de pagar las otras cuentas.

---

[9] *San Lucas 17:21 (Versión popular)*

100

Podrías preguntar por qué no pagarte con un cheque como haces con todos los demás y así saber que vas a ser el primero en recibir el pago. No funciona de esa manera. Los iguales se atraen. El dinero atrae al dinero. Existe el viejo dicho "Los pobres se hacen más pobres y los ricos se enriquecen más". ¿Por qué los bancos atraen dinero? Es casi como si tuvieran un imán, porque el dinero es un imán. Puedes establecer tu propio imán de dinero dándote un diezmo a ti mismo, en efectivo, cada vez que recibas dinero, sea este tu cheque de pago, un bono, o un regalo. Diezmar a la fuente de tu enseñanza espiritual y a ti mismo es parte del proceso de prosperidad que es tu herencia.

Para comprender cómo opera esto, miremos cómo la mente subconsciente (o el yo básico o ser inferior) percibe el dinero. Entra el cheque de pago, y la mente subconsciente te ve (el yo consciente) obteniendo ese dinero y diezmando el diez por ciento del dinero neto a la organización espiritual de tu elección y también separando otro diez por ciento adicional para colocar tu imán de dinero propio y privado. Al diezmar reconoces que todas las cosas provienen de Dios, y la contribución del imán de dinero es una recompensa para ti mismo. La mente subconsciente piensa: "¡Ese diez por ciento es para mi! ¿Quieres decir que algo me corresponde? ¿De veras me vas a pagar ahora? ¡A mí! ¡Algo mío! ¡Voy a conseguir más; abriré mi conciencia!". Puedes ir caminando por la calle y te encuentras un billete de 5 dólares. El subconsciente dirá: "¡Levanta el billete! Me corresponde el diez por ciento de eso; lo que equivale a 50 centavos. Puedes hacer lo que quieras con el resto, pero cincuenta centavos son para mi".

Tienes que hacer que tu subconsciente se sienta merecedor al cumplir los acuerdos. Quizás lo hayas traicionado anteriormente al decir que harías algo y luego te echaste para atrás. Entonces tal vez se diga: "Me has prometido muchas cosas, pero no me has dado nada". Se requiere un esfuerzo concertado para revertir estos sentimientos de traición. Al mantener un imán de dinero, poniendo siempre el diez por ciento de lo que consigas en tu imán de dinero, en efectivo, la mente subconsciente aprenderá que puede confiar en ti. Podrá confiar en que obtendrá su parte, su diez por ciento, y por consiguiente trabajará diligentemente para traerte dinero.

Mantén el imán de dinero a mano, donde puedas realmente tocarlo. Si colocas ese dinero en el banco, *el banco* obtiene entonces tu imán de dinero. En lo que se refiere a la mente subconsciente, al poner el dinero en el banco, el banco se lo lleva. Tienes que ser capaz de tener acceso a ese dinero y tocarlo, sostenerlo y contarlo. Conserva el diez por ciento en casa para que atraiga más dinero con él. Una vez que tengas tu imán funcionando, no lo utilices para ningún otro propósito. No lo gastes. Es un imán; si lo gastas, has perdido tu imán; no prestes dinero de tu imán; si prestas de ahí, se va. Coloca el diez por ciento en el imán. Esto es importante. No pongas un once o un doce por ciento, y no pongas un nueve por ciento. Hay algo "mágico" relacionado con ello.

Utiliza el dinero restante para otras cosas y otros fondos. Puedes querer tener un fondo para tus deseos, no para tus necesidades, sino para lo que tú quieras. Puede que no sea un fondo grande en un comienzo, y tal vez tengas que limitar tus deseos un poco. Pero a medida que tu imán de dinero atraiga más, el "fondo para deseos" podrá crecer también.

Cuando comiences, tu imán puede ser muy pequeño. Sólo continúa depositando allí el 10 por ciento. Pronto tendrás una suma considerable. En ese momento comienza a atraer con más rapidez, y tus otros fondos, tu fondo de deseos, tu fondo para alimentos, tu fondo para diversión, tu fondo para el auto, tu fondo para vestimenta y demás, comenzarán a crecer muy rápidamente, probablemente continuarán incrementándose más de lo que creíste posible. Mientras tanto, el imán de dinero también continuará creciendo, y podrás observar y pensar: "¡Ay! mira todo ese dinero". No se trata de conciencia de codicia, porque no estás tratando de llevarte el dinero contigo, pero mientras permanezcas aquí, no tendrás la presión del medio ambiente.

Si eres un ama de casa que no trabaja fuera de la casa, puedes comenzar un imán de dinero con lo que has separado para los artículos del hogar, con el dinero que empleas para cuidar de la casa. Ese es tu "sueldo", y pones un diez por ciento de esto en tu imán de dinero. Tu esposo tal vez te diga: "Querida, el diez por ciento de todo mi sueldo será el imán de dinero"; entonces, el dinero que ibas a tomar de la casa puede ir para los gastos y no al imán de dinero. Pero si él no lo hace, toma el diez por ciento de lo que te da y comienza así tu imán de dinero.

Necesitas tener un acuerdo con tu compañero referente a cómo van a manejar el asunto. Si ambos, el marido y la esposa, trabajan, pueden crear un imán de dinero conjunto. Ambos pueden juntar su dinero y decir: "Esto es más que lo mío". El subconsciente de él dirá: "Esto es mío"; y el de ella: "Esto es mío", y juntos estarán construyendo.

103

Después de que hayas puesto tu dinero en el imán de dinero, sácalo periódicamente y cuéntalo. Muchas personas duermen con él debajo del colchón, en sus almohadas, cerca de ellos. ¿Sabes por qué algunas personas coleccionan monedas? ¿Sabes lo que hacen siempre con su colección? Están siempre mirándola y admirando la belleza de las monedas. Pueden decir, "Tengo una realmente rara. Es brillante, ha estado en circulación, no circula y mira la fecha que tiene. Cometieron un error en ésta". Este tipo de atención, este enfoque, les trae más monedas.

¿Qué haces cuando juntas diez mil dólares en tu imán de dinero? Esos diez mil dólares atraerán más dinero del que atraen mil dólares. ¿Qué sucede si necesitas ese dinero en otra parte de tu vida? *NO* vas a necesitarlo, porque el imán de dinero traerá más dinero hacia ti. Todo lo que tienes que hacer es continuar dejando ahí el diez por ciento, utilizando el noventa·restante en otras cosas.

Aquí hay una trampa. Podrías pensar: "Con todo ese dinero voy a cargarme de responsabilidades. Compraré una casa aquí y otra en la playa y otra en las montañas. Y esto significa que voy a tener tres techos diferentes, tres instalaciones de plomería, tres cuentas de gas, etc. ¿En verdad quiero eso?". El dinero no está ahí para que se convierta en una carga. Está para que puedas obtener lo que realmente necesitas. Una clave es mantener tus necesidades aquí en el presente.

Mucha gente desea cosas fantásticas: el mejor vestuario, alimentos, autos, casas y demás. Puedes comer la mejor comida y acabar con gota o problemas en el estómago o comer sólo para satisfacer tu necesidad (nutrición). Puedes vivir en una casa que llena las necesidades de lo que estás logrando. Cualquier cosa demás que obtengas es un regalo y tal vez deberías estar agradecido profundamente por ello. Una forma de estar profundamente agradecido puede ser compartir esta conciencia de creación con otras personas, para ayudarlas en su elevación.

No puedes entrar en esta conciencia diciendo: "Está bien, estoy en la ruina y voy a magnetizarme para que me lleguen cientos de dólares. Los necesito mañana sábado. Esto va a ser interesante, sólo voy a ver qué pasa". No sucede nada, y dices: "No creí que funcionara". Eso es cierto. No hay necesidad de crearte expectativas cuando algo posiblemente no sucederá. *Puede suceder* a través del imán de dinero.

A medida que obtienes más dinero, si no tienes cuidado, puede llegar el temor de perderlo, y es difícil trabajar con ese temor. Si el dinero es tuyo, no lo perderás, y si no es tuyo, se va a ir de una forma u otra; así que en realidad no hay necesidad de temer. Por supuesto, es una buena idea mantener tu imán de dinero en un lugar seguro, y si te hace sentir mejor, repártelo y colócalo en diferentes lugares de tu casa. Lo importante es tener cuidado de no instituir un patrón de temor. Si lo haces, no estás trabajando con el dinero como un medio espiritualizado de intercambio (utilizado para la elevación); sino que puedes estar en un estado de conciencia de acaparamiento. Nadie se lleva un dinero "espiritualizado". Sencillamente no puede llevárselo. Es tuyo.

Un imán de dinero es para que lo reconozcas y le tomes gusto en su carácter físico. También puedes invertirlo en algo como una finca, donde puedas caminar sobre la propiedad y saber que es tuya. Esto es diferente de colocarlo en el banco. Con la propiedad, estás allí de manera física y puedes decir: "Este lote de 10.000 dólares es mío". Comenzará a atraer más de lo mismo. Si compras una casa o un terreno para construir, estás ahí y sabes "Esto es mío para hacer mi trabajo"; pero si compras un bote para pasear, tienes que pensar ¿Es esto útil para hacer mi trabajo?". Si no lo es, utiliza tu "fondo de diversión", para comprar tu bote, pero no uses tu imán de dinero.

No pongas todo tu imán de dinero en un solo lugar. Invierte en algo así como un fondo mutualista, bonos, o cuentas de ahorros. No soy un asesor de inversiones, así que no tomes este consejo desde ese punto de vista. Mi énfasis está en que si obtienes dividendos provenientes de estos, coloques el diez por ciento de ellos en tu imán. No sugiero "jugar" a la bolsa de valores con los fondos del imán de dinero porque eso conlleva un elemento de azar; pero, si fuera necesario invertir en un fondo mutuo razonablemente seguro y bajo de riesgo, ese puede ser un uso apropiado para los fondos de imán de dinero. Si haces esto, recuerda mantener los certificados de cualquier inversión a mano, en donde puedas tocarlos y verificarlos físicamente.

La mayoría de las personas ricas tienen una caja fuerte en sus casas, y mantienen allí las joyas, los certificados de acciones, los bonos y el dinero. Piensa en esto por unos pocos minutos, y sabrás que todo eso tiene sentido. Ellos son lo suficientemente listos como para saber que los ladrones también tienen una conciencia de dinero. La película *Ladrón sin destino* plantea que se necesita un ladrón para atrapar a otro ladrón. Si colocas ahí el dinero, una persona sin escrúpulos con conciencia de dinero, también puede sintonizarse con él. Un ladrón experto en esto puede entrar directamente, tomarlo, marcharse, y dejar todo lo demás en su sitio. Alguien puede decir "que hubo un cómplice". Ciertamente que sí. La conciencia interna estaba ahí. Algunos que se preocupan por este asunto toman una caja de seguridad en un banco y la visitan frecuentemente, no sólo para guardar joyas, certificados y dinero sino, en el fondo, para poder contar lo que tienen.

Puedes invertir dinero en tu imán de dinero mientras lo mantengas a tu alcance, cerca tuyo. También necesitas mirar las razones por las cuales estás invirtiendo en esas áreas. ¿Estás haciéndolo por temor a que alguien lo robe, lo cual podría ser una motivación de la conciencia de pobreza, o para multiplicarlo, lo cual refleja la percepción del dinero como un medio espiritual de intercambio? Por ejemplo, compras un terreno, caminas en él y sabes que tienes el potencial para aumentar su valor. Hay muchas maneras de manejarlo, si lo haces por temor, puedes perder. Es más difícil trabajar con la Divinidad con patrones de temor. Si creas temor, aquello que temes podrá llegarte. Pones en movimiento los patrones y dices: "No funcionó". Y nosotros decimos: "Funcionó muy bien, pero no como lo deseabas".

Si inviertes tu imán de dinero por temor, te resultaría realmente más valioso guardar el dinero, mejor que invertirlo, porque ése es tu imán. Mucha gente ha acumulado gran cantidad de dinero y ha invertido en una vivienda o en un negocio y luego quiebra porque gastó su imán. Algunos inversionistas te dirán que mantengas unos treinta mil dólares en reserva, si vas a entrar en negocios. Piensan que el dinero está ahí en caso de que te vaya mal. Tal vez, al mismo tiempo es tu imán. Si comprendes esto, vas a encontrar puertas abiertas, rápidamente y no tendrás que actuar como un avaro. Usarás tu sentido común al emplear estas fuerzas para atraer riqueza hacia ti. Una cosa agradable al respecto es que nadie podrá escalar solo la cima financiera; vas a llevar contigo por lo menos a media docena de personas, porque ésa es también la ley de la atracción espiritual.

La conciencia de mucha gente, cuando se inicia en un trabajo espiritual o metafísico, es la de utilizar la energía espiritual para obtener dinero, más que para crecer espiritualmente. Cuando creces espiritualmente, sin embargo, aprendes cómo manejar el dinero a través de una conciencia espiritual, y puedes llegar a ser tan rico que casi no lo podrás creer. Una vez que sepas cómo manejarlo, una vez que te encamines en el Espíritu y adquieras dinero espiritualmente, no podrán quitártelo.

Puede ser difícil ser espiritual cuando estás preocupado por alimentar y calzar a tus hijos. Es duro, porque estás preocupado e interesado en solucionar lo material; estás encerrándote en lo físico. Mientras tengas una cuenta que no puedas pagar, una sola, ésa es la que probablemente te va a mantener preocupado. Podrían embargarte el sueldo o perseguirte. Esa es una cuenta que te atemoriza y cuando te atemorizas por ella, te controla. Cuando estás controlado, es más difícil hacer tu trabajo espiritual. Tienes que estar libre para poder recibir tus regalos espirituales y esto quiere decir estar sin apegos, sin deseos. Tienes el dinero allí para utilizarlo cuando sea apropiado. Si no necesitas del dinero, eres libre.

Cuando aprendemos a manejar el dinero de esta manera, estamos de verdad, en un sentido más amplio, aprendiendo a enfocar nuestra atención en atraer el dinero hacia nosotros. Parece que los seres humanos tenemos una inclinación a acumular dinero y cuando hemos aprendido a hacerlo, podemos entonces enfocar nuestra atención en otras cosas para darles existencia. El dinero es como una zona de práctica.

De lo que estamos hablando es de la idea de precipitación. El imán de dinero te traerá dinero. Más aún, también puedes aprender a precipitar en tu ser aquellas cualidades que pueden realzar tu vida. El imán de dinero es como el levantamiento de pesas: te pone en forma para alcanzar cosas mayores y trabajar en los niveles más altos. Es un proceso de entrenar la mente, entrenar la conciencia, aprender a colocar los deseos y las emociones donde las quieres. Es sintonizarte con esas cualidades que deseas, y manifestarlas. Entonces descubres que eres capaz de sintonizarte con una frecuencia aún más alta que la frecuencia del imán de dinero. Te sintonizarás a la gracia divina y manifestarás todo cuanto necesites. Aprenderás a precipitar tu felicidad y tu alegría, porque te sintonizarás con ellas a través de tu propia alegría interior.

Una vez que nosotros, y esto quiere decir todos, podamos alcanzar la conciencia espiritual y la activemos un poco, se abrirán muchas puertas. Agitar esta conciencia interna es como decir: "quiero comenzar un imán de dinero; aquí pongo estos 100 dólares para comenzarlo", y el dinero empieza a llegarte. Este es un despertar a lo que algunos llaman la Luz, una energía y un poder universal al cual todos podemos tener acceso.

Debido a que la polaridad de La Tierra es negativa, la fuerza primaria de energía sobre el planeta también es negativa. Pero la Luz, la fuerza de energía que viene de planos más altos de existencia, es positiva. Al aprender a sintonizar tu conciencia con esto, puedes traer Luz a tu vida y, utilizando la energía positiva, te atraerás cosas positivas.

Quizá la Luz te parezca un poco intangible durante un tiempo. Aún cuando, eres incapaz de verla, puedes incluso, ver lo que ella puede hacer en tu vida, cómo puede cambiar y elevar. A pesar de que no tengas conciencia de ello, está elevándote. De hecho, es la alegría la que te sostiene.

A medida que sintonices tu conciencia con la Luz, y te enfoques en lo positivo, estarás atrayendo hacia ti más de lo positivo. También encontrarás que esta energía trabaja en ambos sentidos. Si deseas odio e intolerancia, sintonízate con ello, amigo mío, y podrás tenerlo. Si deseas infelicidad, adelante, sé infeliz. Sintonízate con ello, manténlo, y podrás tenerlo. Pero si deseas alegría, amor, armonía, bienestar y elevación, sintonízate con eso. A la ley de la precipitación no le importa. Te proveerá de cualquiera de las dos maneras. No importa lo que solicites, puedes muy bien obtenerlo, por ese motivo acostumbramos a decir "ten cuidado con lo que pidas, porque es posible que lo recibas".

A veces podrás decir:

—Entiendo esto, y realmente he estado sintonizándome con la Luz y con la energía positiva. Así que ¿por qué no me salen las cosas como deseo? ¿Por qué estoy aquí abajo y no allá arriba?—.
—¿Te sostuviste en esa acción de Luz todo el tiempo?— te preguntaré.
—Bueno, no—podrás responder—un par de veces me di por vencido en todo y me sentí deprimido y les dije palabrotas a

algunos. Cuando fui al mercado, la mujer que iba delante de mí me quitó el lugar para estacionar, y quise atropellarla. —Tienes que hacerte cargo de esos pensamientos—te diré— de sentimientos y acciones cuando regresen a ti. Has estado ocupado creando *eso*, en lugar de crear alegría, felicidad y amor y deseo de compartir. Esas cosas que creas regresan a ti. Así que, si eres listo, crearás equilibrio, armonía y amor y entonces podrás recibir eso mismo.

Mientras más tiempo y más intensamente sostengas tu enfoque en un punto, más pronto precipitarás ese punto para que se manifieste en mayor medida para ti mismo. *Si quieres amor, hay que ser amor.* Sin embargo, cuando estás manifestando amor, la gente puede querer menospreciarte y lastimarte porque no son capaces de manejar el amor y pueden pensar que eres vulnerable y herirte. Tal vez quieran y traten de hacerlo, pero sus esfuerzos negativos no tienen que tener un efecto negativo en ti. Sé que puede ser un reto en esos momentos sostener un enfoque positivo y continuar expresando amor, sin importar nada. Esto no significa que tengas que ser un tonto y permitir que te pisoteen y saquen ventaja a tu costa, no, de ninguna manera. Significa que no debemos devolver ira con ira, herida con herida, ni grosería con grosería. Rompe el ciclo de negatividad y reemplázalo con acción positiva, la cual puede ser tan activa y tan dinámica como la negatividad.

Las fuerzas de la negatividad (yo las llamo "las leales fuerzas de la oposición") son tan fieles a la acción que representan, como también las de la Luz lo son para sus fines. Las fuerzas negativas harán todo lo posible para derrotar tu posición positiva. Desde luego que puede ser un reto, pero si logras mantener la posición positiva y utilizar sólo la energía positiva para activar tu vida, las fuerzas negativas no lograrán hacerte daño ni lastimarte en forma alguna. Sencillamente eso no será posible.

La humanidad camina en este mismo momento en medio de un gran designio Divino. Se están precipitando sobre el planeta mayores cantidades de energía positiva, que nunca antes, y más gente se está dando cuenta de esto y se les da la oportunidad de elegir conscientemente entre las fuerzas negativas y las positivas. Cuando la Luz llega a cualquier área, arranca los elementos negativos para quitarlos del paso. De muchas maneras eso es lo que está sucediendo hoy en el planeta. La Luz está llegando con más fuerza y está confrontando esa negatividad para que se clarifique. No necesariamente es una acción negativa, aún cuando muchas veces así lo parezca. Al contrario, puede ser muy positiva porque está arrasando por completo con los viejos patrones negativos y haciendo espacio para los patrones positivos que llegan ahora.

En la medida en que te muevas hacia acciones positivas, en la medida en que aprendas a construir un imán de dinero que te traiga mayor riqueza, un imán de felicidad que te traiga mayor alegría, un imán de salud que te traiga mayor salud, puedes sentir que quieres compartir tu conocimiento y tus habilidades con otros, para llegar a ser de mayor servicio a los demás. Conviértete primero en un precipitador positivo porque, hasta el momento en que puedas trabajar de verdad con estas ideas, será probablemente difícil compartirlas con otros.

A veces puedes sentir un gran amor o compasión por las personas, pero al mismo tiempo, puedes no sentirte capaz de compartir con ellas debido a que , al hacerlo, eso podría motivar que sus conciencias los traicionaran o que se formaran una impresión equivocada de la naturaleza de tus sentimientos. Con esta impresión, comienzas a moverte dentro del concepto que llamamos trabajar "para el bien mayor de todos los involucrados".

Cuando de veras trabajes para el bien mayor, serás muy cuidadoso de no traicionar, representar mal, lastimar ni perturbar a nadie. Es por esta razón que muchas veces, cuando la gente me hace preguntas no respondo. Y ellos pueden sentir que no los quiero. A menudo, mi falta de respuesta indica que debo trabajar para el bien mayor y en el nivel más alto, tanto para esa persona como para mí mismo. Cuando llegues a esta calidad, acaso encuentres dificultad en compartir este gran amor eterno, y eso podría convertirse en tu soledad, puedes sentirte reprimido en un gran mundo de amor y alegría, y realmente no puedes dejarlos salir, excepto a través de la acción de amor y apoyo incondicional, la acción que ve lo positivo en cada suceso y utiliza cada experiencia como una herramienta para aprender; como un peldaño para avanzar, y no como una piedra con la que tropezar.

No necesitas desesperarte ni desanimarte, si las cosas no parecen salir siempre a tu manera. Las situaciones de este mundo son herramientas de enseñanza. Si te sientes desesperado, eso puede hacer que te enfoques y te dirijas a ti mismo. Si estás desanimado, eso puede hacerte decir: "¿Por qué está sucediendo esto?". Entonces comenzarás a buscar y a precipitar las respuestas. Tus respuestas ya están adentro tuyo, y si te sentaras calladamente veinte o treinta minutos, podrías obtenerlas.

Si buscas a otra persona para que te proporcione todas las respuestas, ¿Para qué eres necesario? Tienes que buscar un poquito, tal vez experimentar irritación, ansiedad y contrariedad, pero, ¿te has puesto a pensar que quizá todo está dispuesto de esa manera sólo para ayudarte a crecer, sólo para ayudarte a echar otro vistazo y llegar a un peldaño más alto?

Aprendemos de nuestras experiencias en este mundo, y con frecuencia, más efectivamente de las experiencias negativas. No es necesario, pero algunas veces cuando las cosas van bien, tenemos la tendencia a ponernos complacientes y un poco perezosos en la forma como encaramos la vida. Entonces llega algo que nos disgusta, algo que nos estremece, y dejamos de pasar las cosas por alto, y nos movemos hacia una mayor disciplina y control y nos elevamos más que antes.

La fuerza de la Tierra es principalmente negativa, y la fuerza de lo Divino, positiva. Finalmente, la fuerza positiva prevalecerá, pero debes aprender cuáles son las leyes divinas y cómo aplicarlas para que resulten efectivas para ti aquí y ahora, en el mundo físico.

Una vez que comiences a manejar las ideas presentadas en este libro, podrás descubrir muchas técnicas que te funcionen. Si algo no te funciona, ten la sensatez de dejarlo y moverte hacia aquello que sí te funcione. Y si encuentras que estás teniendo alguna dificultad para precipitar la salud, la abundancia y la felicidad que deseas, podrás aplicar algunas de las ideas que hemos planteado aquí, que han funcionado a mucha gente. Pueden funcionarte también, si las trabajas.

He aquí un pensamiento para meditar: el cuerpo físico, el cuerpo emocional, y el cuerpo mental crecen por lo que toman. El cuerpo físico toma alimentos, el cuerpo emocional toma comodidad, y el cuerpo mental toma información. El cuerpo espiritual crece al dar energía física a otros, dar cuidado emocional a otros, y dar energía mental a otros en forma de guía. Verdaderamente como sembramos, cosechamos. Necesitamos mantener nuestro equilibrio físico, emocional, mental y espiritual, y cada persona debe determinar por sí misma, dónde está ese equilibrio.

8

Exito con Integridad

*"Cuando llegues a tener mucho
dinero, serás capaz de disfrutar
lo que se compra con él, lo cual
incluye objetos materiales, así
como de la alegría que resulta
de usar el dinero para tu
elevación y la de otros".*

*E*s importante saber qué entendemos por éxito e integridad. Para algunos, el éxito consiste en tener una gran cantidad de dinero, ser libres, tener relaciones amorosas o sentirse bien consigo mismo y con sus vidas. ¿Se excluyen estas cosas mutuamente? No lo creo así. Es posible tenerlas todas, dependiendo de tu elección y de tu disposición para enfocarte, comprometerte, sacrificarte y compartir. Para mí, tener mucho dinero sin sentirme bien conmigo mismo sería de escaso valor. Para sentirme bien conmigo mismo debo expresar interés hacia otras personas por medio de la acción. Mi experiencia es que cuando equilibro mis necesidades internas con mis expresiones externas, la integridad y el éxito están en armonía y crean una especie de energía nutritiva que se perpetúa a sí misma.

Inherente a esta idea, entonces, está la creación de éxito económico con cuidado y consideración por otras personas. Esto no quiere decir ignorar las ofertas competitivas, o de menor precio, o no conseguir algo al costo más efectivo. Al mismo tiempo, puedes hacer todas las cosas que se requieren para hacer que tu vida sea un éxito equilibrado, para que, si llegas a tener muchas posesiones, éstas no te posean a ti. Cuando tengas mucho dinero, serás capaz de disfrutar lo que se compra con él, lo cual incluye objetos materiales, tanto como de la alegría que resulta de usar el dinero para tu elevación y la de otros.

He escuchado la palabra *integridad* utilizada por compañías como parte de campañas publicitarias, y por organizaciones sin fines de lucro para alentar la expresión de integridad en un día determinado, y también he escuchado que algunos individuos la usan como un credo personal. Apoyo la integridad en todos y cada uno de los niveles, particularmente cuando despierta el valor de cuidar de ti mismo y de los demás. Y siempre comienza contigo. El mayor valor de la integridad se alcanzará cuando decidas que todo cuanto hagas será tu expresión personal de integridad individual.

Imagínate que tienes libertad interna, sexual, física, emocional, mental y económicamente. Esto es libertad en el sentido de que ninguna de esas cosas te dominan, porque tú determinas tu expresión en esos aspectos dentro de la idea de no lastimarte a ti mismo ni lastimar a los demás. Es la libertad de expresarte en cualquiera y en todos estos aspectos, pero ya sea que lo hagas o no, es tu elección, no "la de ellos". La lujuria, la ira o la codicia no te dominarán. Esta es una buena parte de la integridad personal a la cual me estoy refiriendo. Es parte, pero no la totalidad.

La otra parte es apoyar tus elecciones personales de libertad en tus relaciones con otros, y, de hecho, en todo cuanto hagas. Eso significa que tu comportamiento "allá afuera" encaja con la libertad interna que has determinado para ti. Cuando logras igualar tu libertad interior y tus acciones con cada persona en cada situación, algo más aparece. Aún cuando ese "algo más" parezca intangible, es lo suficientemente real como para ser parte de una fórmula para tu éxito. Es algo que es total y completo, un entero que no puede dividirse, por lo tanto, una integridad. Imagina a una persona que no puede dividirse a sí misma, y que no piensa una cosa y dice otra y actúa de una manera que no refleja ninguna de las dos. Como ella no podría creer una cosa y hacer otra, no hay conflicto de principios, así que la persona no necesita una razón para mentir. ¿Faltaría alguna cosa? Si, el conflicto interno o "guerra" ocurriendo dentro de esa persona.

Con la integridad aparece una forma interior de apoyo, y de ello viene un don que has creado para ti. Cuando vives desde el lugar interno de integridad y lo reflejas en el mundo físico, el don interno es automático. Así como la virtud contiene en sí misma su propia recompensa, también la integridad contiene su propia recompensa.

Todos estamos familiarizados con la obediencia de una ley en vigor, pero imagínate el acatar una ley que no esté en vigor: la integridad, la honestidad dentro de ti. Nadie puede forzarte para que vivas de acuerdo con lo mejor que hay en tu interior; nadie puede hacerte obedecer a tu conciencia. Imagínate haciendo estas cosas porque tú lo eliges.

¿Qué tiene que ver la integridad personal con el éxito? (y estoy hablando de éxito interno y externo; éxito en sentirte bien contigo mismo, tanto como éxito en tener abundancia externa). La integridad le da a cada persona la fortaleza, el valor, el coraje y el arrojo para correr riesgos. Darle la bienvenida a los retos y arriesgarse es parte del proceso del éxito. La integridad te da la confianza para ser audaz y para hacer las cosas que producirán resultados exitosos aún cuando los resultados no se encuentren dentro de las tendencias imperantes. Ser igual a los demás no siempre es la clave del éxito; ni lo es necesariamente ser diferente. La elección de la integridad es marchar al compás de tu propio tambor. ¿Cómo sabrás si ese sonido está a tu favor o engañosamente en contra tuya? Si estás pensando, hablando y actuando desde ese lugar interior de integridad, las oportunidades resultarán excelentes para que tus elecciones apoyen tu éxito y para que, al mismo tiempo, expreses cuidado y consideración por los demás.

¿Se revelará el éxito a sí mismo y se manifestará inmediatamente? Como se confirmó en capítulos anteriores, la manifestación es algo que tú y el Espíritu ponen en movimiento. Es posible que el tiempo esté influido por tu imaginación, tu arrojo y tu persistencia. La integridad a menudo se muestra como un propósito único, una tenacidad que perdura hasta el final. ¿Cuál es el final? Tu meta y, desde luego, tu éxito.

Las personas de integridad parecen tener una habilidad incorporada para manejar lo que les salga al paso, en tanto van hacia el éxito. Fíjate, cuando actúas desde la integridad, no mientes. Cuando no mientes, no tienes necesidad de recordar. Cuando no tienes nada que recordar, no tienes que ahorrar tu energía para protegerte por el temor a ser descubierto; y así tienes acceso a toda tu energía en el presente. Cuando tienes tu energía presente, aquí y ahora, estás en una mejor posición para manejar lo que pueda presentarse. Si haces esto con suficiente frecuencia, ganarás una enorme cantidad de confianza en ti mismo, una credibilidad en ti mismo basada en una evidencia empírica: tu vida. Cuando vives una vida de integridad, tu éxito puede muy bien manifestarse como riqueza en amistades, confianza, admiración, respeto y la habilidad para inspirar a otros.

Puedes decir: "Reconozco el valor que tiene la integridad. Ahora, ¿cómo puedo convertirla en mi herramienta, en una expresión tan automática como mi próxima respiración?". Obviamente no puedes ordenar un kilo de integridad, no importa cuánto dinero tengas. ¿Hay alguna manera de conseguirla, usarla y tenerla como cosa propia? Claro que la hay. Obtenemos integridad a través de la práctica.

Practica la *honestidad*. Piensa en la maravilla de pasar un día sin mentir. Podemos pensar que ya lo hacemos, pero cuando un empleado comete un error y nos devuelve dinero de más, ¿lo devolvemos en todas las ocasiones? Cuando hacemos una llamada telefónica personal desde la oficina, ¿le decimos a la empresa que la cargue a nuestra cuenta? Cuando alguien nos hace un comentario negativo acerca de otra persona, ¿se lo repetimos a un tercero? Podríamos pensar, "pero esas son cosas muy pequeñas". Sí, lo son, pero si estamos interesados en conseguir el éxito, es importante recordar que la integridad engendra el éxito, así que necesitamos comenzar con las cosas pequeñas y expandirlas desde ahí.

Conozco a ciertas personas que abogan por la paz y la prosperidad mundial pero en el patio de su casa están peleando literalmente con sus vecinos por un metro de tierra y esparciendo viles mentiras acerca de ellos. No tendremos paz en el mundo si no comenzamos con nuestro propio patio. En forma similar, no es posible tener y disfrutar la integridad y el éxito en una escala mayor, a menos que vivamos esa integridad en nuestra vida personal. A medida que practiques la disciplina de la integridad, y ciertamente se requiere disciplina, en lo personal, en los pequeños niveles, podrás desarrollar el hábito y aplicarla a todas las áreas de tu vida.

El aspecto agradable de un hábito positivo es que se hace más y más fuerte, y eventualmente te sostiene sin que siquiera lo adviertas. Sé de un amigo que desarrolló el hábito de no fumar, para superar una costumbre de treinta años como fumador. Todos los días practicaba el no fumar, a veces hasta una docena de veces en una hora. Algunas personas estaban fumando, y su hábito era la acción de no fumar. Ahora, después de doce años de no fumar, si enciende un cigarrillo (y lo hace ocasionalmente), le dan náuseas y mareos y lo apaga inmediatamente. Su hábito positivo de no fumar se ha arraigado en su mente y su cuerpo de tal manera, que ahora lo apoya. Es lo mismo con la práctica de la integridad: a medida que lo haces, serás apoyado y recompensado mucho más de lo que pudieras anticipar.

Mucha gente proclama integridad, cuando en realidad trata de manipular a otros para que apoyen su posición, la cual presentan como "el" punto de vista moral y ético. Eso realmente no es integridad, y tal clase de posiciones, con frecuencia, tienen menos que ver con la ética que con las emociones, menos que ver con la moralidad que con el ego. No tienes que pelear con las personas que hacen esto. Todo lo que tienes que hacer es estar presente con lo que sabes.

De igual manera, para ti mismo, sugiero que evites la trampa de utilizar el concepto de la integridad como si se tratara de un club. Por ejemplo, cuando estás en desacuerdo con alguien, no necesitas decir: "¡Mi posición es la de la integridad! ¿Cómo puedes estar en desacuerdo conmigo?". O la otra cara de la moneda: "Sencillamente careces de integridad". En vez de llevarle el inventario de integridad a otra persona, sólo manténte practicando tu propia integridad. Eso te fortalecerá para elevarte dentro de ti, no en forma de amenaza para otros ni como mecanismo de defensa, sino como una habilidad para expresarte desde tu corazón, dentro de tu comprensión actual.

Cuando reconoces la integridad que mora en tu corazón y la igualas con tus pensamientos, estás justo en el camino de crear una vida interior de alegría y abundancia. Entonces, cuando igualas esos pensamientos con acciones de integridad, es probable que todos los aspectos de tu vida, desde las relaciones íntimas hasta las finanzas, entren en equilibrio. Desde una base de integridad, puedes tener alegría, abundancia y éxito en todos los niveles.

9

Diez Pasos
hacia el Exito Personal

*"Si quieres crear la oportunidad
para manifestar tu éxito, el amor
es el rayo más poderoso en
el que puedes viajar".*

*E*xisten muchos caminos que llevan a la misma meta. Y muchos de ellos funcionan. Lo que comparto en este libro se basa en mi experiencia personal y en la observación de miles de personas en sus expresiones de vida. Hay un refrán que dice: "En gustos se rompen géneros". Esto me recuerda otro dicho popular: "Cada cual tiene su manera de matar pulgas". Reconozco que no existe una única manera de que funcione. Lo mejor para ti es buscar, crear, descubrir y utilizar el método que te funcione en un momento dado. ¿Cómo sabrás que te está funcionando? Con el tiempo, la forma producirá resultados tangibles. Si los resultados no se igualan con lo que quieres, entonces el método no te funciona, o no lo has trabajado suficiente. Lo que quiero decir con "no lo has trabajado suficiente" es que tal vez no te enfocaste de verdad y no aplicaste la metodología con la persistencia y perseverancia requeridas. Quizás te diste por vencido demasiado pronto. O tal vez hiciste todo cuanto pudiste, y aún así no te funcionó. Si esto último se aplica a tu caso, ten la sensatez de dejar de lado lo que no te funciona y moverte a otra forma que podría muy bien ser para tu progreso.

Puedes cambiar los métodos, pero sugiero que no saltes de uno al otro, sin darle a cada uno su justa oportunidad. Algunas veces, una propuesta particular puede funcionar por un tiempo; entonces puedes llegar a un gran entendimiento dentro de ti, que requiere una propuesta diferente. No tienes que obligarte a ti mismo a nada del pasado ni pensar que eres un fracaso porque aún no has logrado los resultados deseados. Por el contrario, mira tu vida como un experimento en la búsqueda de la fórmula que eventualmente producirá los resultados que quieres. A medida que lo hagas, sé paciente contigo mismo. Mientras continúes respirando tendrás amplias oportunidades de moverte hacia el éxito que estás anhelando.

En el capítulo tercero, delineé ocho pasos para la prosperidad. Estos pasos le han funcionado a mucha gente a lo ancho del planeta en la medida en que los aplicaron y los hicieron parte de sus vidas. Y para estar seguros de que apoyo aquello de "métodos diferentes", aquí está una variación de diez pasos sobre métodos específicos y formas para tu propio éxito.

1. Enfócate en lo que quieres

Asegúrate de estar verdaderamente interesado en lo que quieres. Si tienes apenas un deseo casual lo cual generalmente describe apenas una posibilidad ("No sé... no me molestaría vivir feliz para siempre"), es poco probable que produzca los resultados que deseas. No obstante, si comienzas con algo específico que tenga una alta prioridad para ti, eso mejora tus probabilidades. Es importante que el asunto tenga alta prioridad *para ti*. No necesitas imaginar tu prioridad basándote en lo que piensas que deberías querer, lo que tú crees que tus padres piensan que deberías desear, o lo que dictan las normas sociales, sino en lo que *tú* deseas. Para algunas personas una alta prioridad es alcanzar una relación de plenitud con la esposa o el esposo, una relación afectiva con un niño, una relación viviente con la verdad dentro de ellos, o sencillamente un gran auto deportivo rojo.

Cualquiera de ellas está muy bien. Lo importante es determinar cuál es la mayor prioridad para ti en este momento, cuál es la realmente importante para ti y entonces enfocarte en ella. Al decir "enfocarte" quiero decir ser muy específico, lo cual lleva al siguiente paso.

2. Utiliza tu imaginación creativa

En el ojo de tu mente, imagina, tan específicamente como sea posible, cómo se ve tu meta, cómo huele y cómo suena e incluso cómo podría ser la experiencia cuando la alcances. Si es algo como un auto, imagina el color, el modelo, el contacto con el volante forrado en cuero, cómo se maneja en las curvas, los cubre faros que se levantan por la noche y hasta el olor del interior. Esta misma clase de aplicación específica de tu imaginación creativa es utilizable para cualquier cosa que quieras en particular.

3. Ten entusiasmo

Parte del significado de esta palabra es que la energía de la verdad llega creando un poderoso sistema de apoyo para conseguir aquello que quieres. Puedes apoyar con entusiasmo a tu imaginación creativa visualizando el cumplimiento de lo que quieres. Si seguimos con el ejemplo del auto, visualiza que conduces en compañía de unos amigos o con la persona a quien amas, en un bello día, en un marco perfecto. Mientras continúas aplicando energía con entusiasmo a la visualización del sueño como una realidad posible, habrás alineado inconscientemente otras fuerzas dentro de ti, para mover las cosas y para que pasen de la posibilidad a la aparición.

4. Ten un único propósito

Asegúrate de que ninguna otra cosa te distraiga. Por ejemplo, al poner en acción los pasos del 1 al 3 antes mencionados, puedes estar ahorrando una cierta cantidad de dinero cada semana, destinada a tu meta de poseer un auto deportivo. Si notas que hay una venta de televisores a precios rebajados, y tú siempre has querido cambiar el de veinte pulgadas por uno de veintisiete, podrías tomar algún dinero ahorrado originalmente para el auto, con e fin de comprar el televisor. Pero al hacer esto se corre el riesgo de disipar la energía que se ha estado moviendo hacia aquello que te habías propuesto inicialmente. Si te sientes tentado, te sugiero que vuelvas al paso número 1 y te *enfoques en lo que quieres*. Si encuentras que todavía estás preocupado por el televisor, tal vez lo que querías como la más alta prioridad, no era realmente el auto. Si es sólo un asunto de tener un apetito más grande del que puedes permitirte, enfócate en lo que quieres y suspende lo del televisor hasta cumplir tu más alta prioridad.

En un nivel personal, la más alta prioridad de alguien puede ser una relación plena con su cónyuge. Una distracción podría ser, hacer una elección que lo aleje de la relación (estas elecciones se llaman a veces lujuria, codicia y egoísmo). El mismo proceso se aplica aquí. Vuelve al número 1 y *enfócate en lo que quieres*. Si haces esto y realmente reconoces que tus deseos no son frívolos sino profundamente significativos, eso te llevará al paso siguiente.

5. Desea lo que quieres por encima de cualquier otra cosa

Esto es a lo que me refería anteriormente, al hablar de "elegir la más alta prioridad". Para que este paso funcione efectivamente no es ni siquiera cuestión de las más elevada prioridad; es más un asunto de elección única. Otra manera de decirlo es "enfócate en lo que deseas y quiere aquello en lo que te has enfocado, en un cien por ciento".

6. Ten Fe

No estoy refiriéndome a la fe religiosa, donde se tiene fe en unos poderes divinos. Anteriormente sugerí que no hicieras de las fuerzas divinas el "gran mandadero del cielo", así que definitivamente no te sugiero que reces para obtener el auto. Te sugiero que permitas que la Divinidad se encargue de las cosas divinas. Tú puedes manejar este nivel bastante bien; de hecho, cada uno de nosotros aprende continuamente a manejar este nivel físico aún mejor que antes.

La fe a la cual me refiero (y que he mencionado en previas secciones de este libro) requiere acción. No soy muy partidario de tratar de desear, esperar, o preocuparse para manifestar algo, debido a que estas actitudes rara vez funcionan. Por experiencia sé que cuando ponemos nuestra fe en hacer, la acción de tener fe es un paso poderoso hacia conseguir una meta.

7. Haz el trabajo que se requiere

La expresión "no hay nada gratis", utilizada anterior-mente, significa que necesitas *hacer* lo necesario para lograr aquello que quieres por encima de todo. Y para todos noso-tros, la ignorancia sobre los requisitos no es una excusa. Es parte de nuestra responsabilidad aprender lo que se quiere. Por ejemplo, si una persona ahorra suficiente dinero para comprar un auto, pero no tiene suficiente para pagar el im-puesto, la licencia y el seguro, no ha hecho lo que es preciso para llevar a cabo su sueño. Con el objeto de hacer un sueño realidad, debemos aprender lo que se requiere, estar dispues-tos a hacerlo y luego hacerlo.

Algunas personas tienen un gran deseo que es mucho más difícil de conseguir que un auto. Sé de un hombre joven que quería ser médico, ser músico, y tener una gran auto deportivo, en ese orden. El hizo el trabajo requerido. Fue a la universidad, a la facultad de medicina, y después hizo su internado un arduo compromiso. Mientras estudiaba medi-cina, también tocaba un instrumento musical. Se graduó entre los primeros de su curso, hizo su internado y actual-mente es uno de los mayores colaboradores en la sala de emergencias de un hospital. Al mismo tiempo compró un auto deportivo nuevo y continúa interpretando su música. Pero no nos equivoquemos en cuanto a esto: con el objeto de lograr sus metas, él estaba dispuesto a realizar todos los pasos previos, incluyendo el trabajo requerido, con gran inte-rés, enfoque y entusiasmo, y teniendo fe en que podría lo-grarlo, y una disposición para hacer lo que fuera necesario.

Durante los años difíciles no se quejó de no poder dor-mir lo suficiente, ni gastó tiempo deseando que los estudios de medicina sólo requirieran un año. No peleó contra las condiciones. Aceptó lo que estaba sucediendo y encontró alegría en el desafío. Cuando uno trabaja y estudia con aceptación y gozo, la habilidad de retención es mucho mayor que cuando lo hace con resistencia y protesta.

8. Renuncia a todas las cosas que se opongan a tu meta

Por ejemplo, mi joven amigo, mientras estudiaba para ser médico y músico, también tuvo una novia que se quejaba de que él dedicara demasiado tiempo a sus propósitos y no estuviera con ella lo suficiente. Así que se encontró ante un dilema. Desde el punto de vista de cultivar la relación, la queja de ella era legítima. Por tanto tuvo que regresar al paso número 1 (enfócate en lo que quieres) para determinar, una vez más, sus prioridades. Para él era claro que ser médico y músico era lo principal y sacrificó el noviazgo debido a que se oponía a sus metas. No estoy diciendo que una relación personal sea mala. Es sólo que en este caso, para hacer que esa relación funcionara, él hubiera tenido que quitarle tiempo a sus prioridades principales, disipando así la oportunidad de conseguirlas exitosamente. (En forma similar, la mujer también tuvo la oportunidad de evaluar sus prioridades, tomando la decisión mutua de abandonar la relación porque sus prioridades diferían de las de él).

Cualquiera de los dos hubiera podido cambiar sus prioridades y en tanto ellos estuvieran dispuestos a afrontar lo que se presentaba con las elecciones, eso también hubiera estado bien. Por ejemplo, él hubiera podido renunciar a ser músico y pasar más tiempo con su novia. O, si era la mujer quien escogía, ella hubiera podido hacer de las prioridades de él, las suyas propias, y hubiera sacrificado temporalmente sus necesidades personales, para servirle a él durante esa larga temporada de estudio. Ella hubiera podido ayudarlo en sus estudios, dándole masaje durante las horas agotadoras de su internado, y en otras maneras. ¿Qué hubiera obtenido ella de esto? ¿Alguna vez has elegido servir a otra persona un cien por ciento y lo has hecho? Si lo intentas, puedes descubrir que obtienes tanto como la persona a quien estás sirviendo, quizás más.

En este caso en particular, estoy hablando de dos seres humanos a quienes conozco y de una situación en la cual la mujer pudo escoger enfocarse en servir al hombre. También apoyo al hombre a servir a la mujer, como una oportunidad maravillosa para el hombre de despertar esa amable cualidad de nutrir a otro ser. Hasta ahora esa cualidad se ha llamado "femenina". ¿Por qué privar a los hombres de una expresión tan enriquecedora? Tal vez todos podemos aprender a nutrir y reconocer que eso trasciende las diferencias de género, porque es realmente una cualidad muy elevada.

Como un ejemplo más de no permitir que algo se interponga en el camino de lo que quieres en las relaciones personales, tomemos otra pareja que ha dado los ocho pasos, enfocados los dos con entusiasmo sabiendo que desean la relación por encima de todo lo demás, teniendo la fe de saber que se casarán algún día, e involucrándose ellos mismos en tener fe y cortejarse. Hacen lo que se requiere en términos de finanzas, vivienda y demás, antes de casarse, y luego finalmente celebrar su matrimonio. ¿Vivirán felices para siempre de ahí en adelante? No, a menos que continuamente apliquen estos pasos.

Una vez que tienes lo que quieres, todavía necesitas trabajar para conservarlo. Sólo que es más una cuestión de *expandirse* con ello, que de *conservarlo*. En el caso de la pareja de casados, tal vez tengan uno o más niños. Todos conocemos la tremenda atención que exige un bebé recién nacido, y que a veces eso quita tiempo a la relación personal entre los adultos. Fíjate que dije "adultos", no "padres". Esto se debe a que es muy importante que la madre y el padre se recuerden a sí mismos que son adultos con necesidades en relación con el otro, no sólo en la relación con los niños. Ciertamente, puedes cumplir con tu relación con tus hijos responsablemente, pero no en detrimento del tiempo que tienen para estar el uno con el otro como adultos. Esto se llama mantener el equilibrio necesario.

9. Afirma que ya es tuyo

Para hacer esto, casi juegas un juego contigo mismo, fingiendo que ya has alcanzado tu meta. Ya sea que se trate del auto, un título de médico, o una relación personal, ten una confianza tal que te comportes como si ya fuera una realidad, en vez de vivir con la ansiedad de que tal vez no lo consigas. Ahora, este punto quizá no funcione para ti si lo haces independientemente de los pasos 1 al 9. Cuando has dado todos los pasos, sin embargo, la sensación de tenerlo puede ser tan cercana que casi la saboreas; así que bien puedes manifestar esa energía del logro o de la anticipación positiva que resulta de hacer lo que se requiere para hacer que suceda. Esa energía creará una senda invisible, un canal para que tu éxito fluya y para que tus deseos se manifiesten como realidades.

10. Sé agradecido por lo que ya tienes

Con la gratitud viene el aprecio y, mas importante, el *amor*. Si quieres crear una oportunidad para manifestar tu éxito, el amor es el rayo más poderoso en el que puedes viajar. Cuando somos más y más amorosos, atraemos energía amorosa. Esa energía amorosa es para ser usada, no para abusar de ella. Es una energía que no funciona si tratamos de retenerla como si fuera nuestra y no la compartimos. Si alguien trata de mantener la energía amorosa como suya propia es como ser un alquimista negativo; puede convertir una poderosa fuerza amorosa en algo en descomposición. La energía amorosa está dentro de ti y también es un regalo divino que es una fuerza poderosa que apoya el talento, los logros y la aceptación.

Estos diez pasos se ofrecen como una fórmula específica, casi científica, que puede funcionar si trabajas con ellos:

1. Enfócate en lo que quieres. Aquello que de veras te interesa.

2. Utiliza tu imaginación creativa. Visualiza lo que quieres.

3. Ten entusiasmo en relación con lo que quieres.

4. Ten un único propósito. Sabe exactamente lo que quieres y no permitas que nada te distraiga.

5. Desea lo que quieres por encima de todo lo demás. No tengas alternativas.

6. Ten fe. Involúcrate y actúa para conseguir lo que quieres. "Acción para la satisfacción".

7. Haz el trabajo que se requiere. Sin excusas.

8. Renuncia a todas las cosas que se opongan a tu meta. Si

algo se opone a tu meta, pasa por un lado, pasa por encima, por debajo, o remuévelo.

9. Afirma que ya lo tienes. Finge que es tuyo. Experiméntalo como si ya lo tuvieras.

10. Sé agradecido por lo que ya tienes. Y sé amoroso. El *amor* es la clave. Si puedes estar dentro de una conciencia amorosa aún antes de dar el primer paso, tu amor tiene un enfoque que le da fuerza a todos los pasos a seguir.

¿Tienes que dar estos pasos uno a uno, en orden? Sugiero que comiences a seguirlos en orden, y podrás descubrir que algunos de ellos suceden al mismo tiempo, en vez de presentarse uno después de otro. Por ejemplo, es posible que des los pasos 4, 5 y 6 simultáneamente. No obstante, si existe confusión o duda, sólo tienes que separarlos y hacerlos uno a otro.

Mucha gente en todo el mundo ha utilizado esta fórmula para el éxito. ¿Existe algún área en donde no funcione? No conozco ninguna. Desde luego, algunas cosas son más fáciles de lograr que otras, y algunas cosas pueden tomar un tiempo más largo para manifestarse. Depende de la naturaleza de lo que hayas elegido como una prioridad. Obviamente, llegar a ser médico toma más tiempo que conseguir un auto. Y es más sencillo comprar un televisor de veintisiete pulgadas que una casa de cinco habitaciones.

Si vas tras de lo que quieres, aplicando y trabajando estos diez pasos, lo conseguirás. Esto no es simplemente teoría, porque tengo pruebas vivientes dadas por más personas de las que pudiera contar, quienes han hecho sus vidas exitosas. ¿Puede haber un fracaso? No con esta formula.

No es una receta para el fracaso. La mayoría de la gente ya sabe cómo fracasar, cómo quedarse corta en sus metas, cómo darse por vencida. No tengo que enseñarle a la gente cómo hacer eso. Esta es una receta para el éxito.

Si revisas estos pasos y tu vida no parece moverse hacia la meta deseada, verifica que no te estés saltando ningún paso. Asegúrate de que los estás haciendo todos y cada uno en apoyo de lo que quieres. ¿Estás haciendo el número seis? ¿Solamente *dices* que tienes fe o estás confiando? ¿Te estás levantando y haciendo esas cosas que te traen satisfacción? ¿Cómo sabes si este proceso funciona, si no lo trabajas? Encuentra la verdad por ti mismo, siendo leal con el proceso.

No es *mi* verdad la que te animo a descubrir, sino una verdad. Hay muchas verdades. Existe la verdad de la ley de gravedad. No tienes que creer en ella. Todo cuanto tienes que hacer es soltar un objeto y caerá al suelo; ésa es la verdad de la ley de la gravedad en acción. ¿Existe la misma verdad en los seres humanos? Sí. ¿Cómo puedo reconocerla? Eso es un arte, no una ciencia; pero una de las formas en que reconozco si alguien vive su verdad es si lo veo sirviendo a otros con alegría, porque la conciencia más elevada sobre este planeta es la expresión de sí mismo en amor y servicio alegre. No tienes que preocuparte por ser alegre. Primero, haz el servicio; luego, el amor; y la alegría llegará. Hazlo por el sólo hecho de servirle a alguien, no para obtener recompensas, precios ni atención especial. Hazlo sólo para asistir a alguien. Al servir, tú también creas un canal limpio para que la energía amorosa del Espíritu trabaje contigo y a través tuyo, creando así más y mayores oportunidades para tu propio éxito.

Existe también la verdad de la felicidad, pero ésa, desde luego, es una verdad relativa. Para algunos, la felicidad consiste en un garaje para dos autos, una cerca blanca de madera, dos niños "perfectos", un televisor a color y un matrimonio "perfecto". Esa clase de felicidad en realidad no existe, porque la perfección simplemente no está disponible en este planeta; no fue diseñado de ese modo. Mi experiencia de felicidad no es tan compleja. La felicidad en mi vida es estar libre de querer algo de otra persona. Eso no quiere decir que yo no tenga relaciones amorosas y de mutuo apoyo, sólo que hacemos las cosas por elección, no por expectativa ni por exigencias. Yo le permito a todo aquél que está a mi alrededor ser libre. Y ¿qué sucede si hacen algo que no me gusta? Yo puedo alejarme, y ellos también tienen la misma opción.

No tengo que tener ni hacer algo para ser feliz. No tengo que ir a ningún lugar para ser feliz. La felicidad no es un destino ni un objeto. Para mí es un proceso continuo que se renueva constantemente por sí mismo, o, a veces, es renovado por aquello que hago conscientemente para renovarlo. ¿Cuáles son algunas de las cosas que hago para apoyar la felicidad? Me doy el lujo de ser yo mismo, y sólo hago cosas que me hacen sentir bien de ser yo. Hay quienes dirán que eso es egoísmo. Bueno, si separamos por partes la palabra, tenemos que una de ellas es "ismo", sufijo que hace referencia a una doctrina, y "ego" que se refiere a mí. Así que practicar mi propia doctrina no está tan mal. Soy lo suficientemente egoísta para no hacer ni decirme cosas negativas a mí ni a otros. No me creo, a sabiendas, problemas a mí mismo; como resultado, lo que me queda es sencillamente mi ser, y eso está muy bien. ¿Soy especial? Sí, como lo son todos los seres humanos.

Gran parte de tu éxito radica en hacer que simplemente esté bien el ser tú mismo. Y si tu comportamiento no te trae felicidad, tienes la opción de cambiarlo. No tienes que juzgarlo, criticarlo ni declarar que estás equivocado; sólo observa tu comportamiento, ve qué es lo que quizá no esté funcionando para ti y date la opción y la oportunidad de cambiar. ¿Qué mayor éxito puedes tener que estar feliz contigo mismo?

10

Usando tu Energía Eficazmente

"Cuando haces una elección positiva, creando espacio para otros tanto como para ti mismo, estás asignándote un papel que puede conducirte a la riqueza interna y externa".

Gran parte de nuestro éxito tiene que ver con poner en claro aquello que queremos y lo que estamos dispuestos a hacer para conseguirlo. Algunos piensan que su propósito en este planeta es hacer dinero; otros, "vivir felices para siempre"; y todavía otros, servir a sus compañeros, hombres y mujeres. Mi teoría es que todos nosotros estamos aquí para completar nuestro plan individual de desarrollo. ¿Qué sucede una vez que lo hayamos completado? Nuestra verdadera riqueza, la cual va mucho más allá de lo que consideras éxito. Y cada uno de nosotros encontrará la riqueza esperándolo, de acuerdo con nuestro propio ritmo de progreso, en la medida en que busquemos nuestro camino particular. O, como dice la canción, "Yo lo haré *a mi manera*". Desde luego, algunas veces mi manera no es la única forma; de hecho, quizá no siempre sea la forma más efectiva ni la más fácil. Sin embargo, cada uno de nosotros tiene el derecho inherente de hacerlo a "su manera" sin importar las consideraciones."

Una cosa interesante es que cada uno de nosotros tiene un camino que definitivamente conduce al éxito y a la realización. Entonces, ¿por qué la mayor parte de la gente no lleva una vida exitosa y realizada? Porque de alguna forma "mi manera" se enredó con el ego y con expresiones negativas, como la ira. Existe un dicho "El diablo enfurece primero a aquellos a quienes quiere destruir". Y otro "Lo único que arde en el infierno es el ego". Sé de un escritor-director de Hollywood quien ha tenido la oportunidad golpeando continuamente a su puerta durante 25 años. La mayor parte de estos años él permitió que su ira y su ego lo gobernaran, tanto que no podía oír ni ver las oportunidades que se le presentaban. En lugar de cooperar con las posibilidades de abundancia y éxito que le fueron presentadas construyó paredes invisibles de juicios, impaciencia e ira, todas bajo la apariencia de "estar en lo correcto". Su desarrollo reciente ha sido el de ser abundante financieramente, exitoso artísticamente, y realizado espiritualmente. Al enfocarse en hacer que los demás estuvieran equivocados de forma tal que él pudiera estar en lo cierto, consiguió durante años desviar las oportunidades de riqueza y recompensa.

Algunos de ustedes al leer esto tal vez piensen: "Eso es realmente estúpido. Yo no lo haría. Sólo denme la oportunidad y la aprovecharé, correré hasta llegar al banco". Yo me pregunto: ¿Alguna vez has pasado por un período de intensa frustración, en el cual estabas a punto de explotar o deseabas que la persona que "causó" tu frustración explotara? De ser así, pudiste haber desaprovechado una oportunidad para el éxito. Si supiéramos la verdad, nadie "allá afuera" en realidad causa nuestras frustraciones. Es cada uno de nosotros, al utilizar el incidente, la personalidad o las expectativas fallidas, quien crea la respuesta emocional, conocida también como frustración. Lo que estamos diciendo en verdad es:

"No estoy obteniendo lo que quiero". Si eso fuera todo cuanto hacemos, podría ser sólo información. Pero cuando le agregamos nuestro disturbio personal, quizás estemos desaprovechando el éxito.

¿Cómo puede una persona, sin colmar tus expectativas, ayudarte en tu camino al éxito? ¿Piensas acaso que el camino hacia tu abundancia está sembrado de gente, negocios e instituciones financieras, todo listo para hacer lo que quieras, cuando quieras y dónde quieras? Claro que no. Cada cual tiene sus propias motivaciones y muchos tienen motivos ocultos, conocidos en otros términos como juicios inconscientes. Y la mayoría de las personas insisten en hacerlo a "mi manera" la cual puede no coincidir con *tu* manera. Así pues, ¿Qué hacer? ¿Explotar en frustración o moverte hacia una mayor inteligencia, cooperando con lo que es? ¿Por qué deberías cooperar con algo que no te gusta? Para así tener éxito. En vez de considerar algún obstáculo como insuperable, utilízalo como un escalón para avanzar.

Por ejemplo, si vives cerca a un bello bosque, eso podría ser bastante agradable. Pero supón que hay una temporada de sequía, sin lluvia durante muchos meses y que debido al descuido de alguien comienza un incendio. El fuego amenaza en un comienzo y eventualmente quema tu casa. ¿Qué haces entonces? ¿Maldecir a la persona que tuvo el descuido, mientras vas caminando por entre las cenizas de tus recuerdos? U ¿ordenas las cosas paso a paso y llamas a la compañía de seguros, decides si quieres reconstruir allí o trasladarte a otro lugar, y continúas con tu vida? Una vez que "continúes con tu vida", tendrás la oportunidad de aprender que un objeto físico, aún algo tan bello como tu casa en el bosque, no tiene dominio sobre ti y que tu libertad está dentro de ti, no apegada a ningún objeto físico o inanimado. Si de veras aprendes esto, tendrás una increíble fuente de poder, de la cual dispondrás para completar cualquier cosa que elijas.

Si alguien no hace lo que tú solicitas o esperas, puedes usar eso como un escalón hacia la paciencia y la cooperación, y puedes apreciar cómo "la manera" de otra persona es tan buena como la tuya. Si haces eso, estás dando otro poderoso paso hacia el éxito dentro de ti mismo y en este mundo. Demasiadas veces, la gente cede ante sus respuestas emocionales, lo cual es una manera de ignorar la riqueza que está golpeando a sus puertas. Por lo general resulta mucho mejor reconocer una experiencia desagradable como oportunidad para crecer y aprender. Cuando haces esto te estás acercando a la abundancia que podría estar a la vuelta de esa experiencia. Es sumamente valioso para ti aceptar que otras personas están contribuyendo constantemente en tu vida, estés de acuerdo o no con sus propuestas. Albert Einstein dijo una vez: "Cien veces al día me recuerdo a mí mismo que mi vida interna y externa depende de los trabajos de otros hombres, vivo y muertos, y que debo esforzarme para dar en la misma medida en que he recibido y estoy recibiendo".

El punto expuesto tan elocuentemente por Einstein es que cada uno de nosotros tiene la oportunidad de expresarse a sí mismo en una de dos formas. La elección de Einstein fue positiva; la otra es negativa. Cuando haces una elección positiva, haciendo espacio para otros tanto como para ti mismo, estás asignándote un papel que puede conducirte a la riqueza interna y externa. ¿Resultarán las cosas siempre claras y lógicas? Rara vez. En tanto haya seres humanos cerca, usualmente podemos esperar diversos comportamientos. Por ejemplo, le puedes decir a un hombre que hay 300 mil millones de estrellas en el universo, y es muy posible que te crea. Pero, si le dices que una banca está recién pintada, por lo general tendrá que tocarla para estar seguro. Los seres humanos son curiosos, extraños, raros, maravillosos, sustentadores, competitivos, ridículos y amorosos. Cuando creas espacio propio, descubrirás el amor con más frecuencia. La clave de tu riqueza está en amar.

Amar puede ser bien una expresión en la que inclinas la cabeza, o algo que pones en acción. Si eliges ponerlo en acción, eso requiere *comunicación*. Dentro del área de la comunicación está *reconocer cualquier promesa rota*, eso resulta más difícil para algunas personas debido a que su ego y sus emociones están involucradas. Ellos piensan que si admiten que rompieron una promesa, serán "malos", o "indignos" o "estarán equivocados"; por lo tanto, no lo admiten. El asunto es que, ya sea que se den cuenta o no, existe un conocedor dentro de ellos que está totalmente consciente de que rompieron un acuerdo.

Si tienes compromisos rotos, esos compromisos te están restando una gran cantidad de energía. ¿Por qué desperdiciar tu energía de esa manera? Es mucho más efectivo para ti aclararlo. A veces es un simple: "Perdóname, prometí hacerte llegar este reporte el lunes, y no seré capaz de hacerlo. ¿Podríamos renegociarlo?". Te serviría asumir la responsabilidad de un acuerdo incumplido antes de que alguien tenga que llamarte la atención. Reconocer una promesa rota, no te hace malo. De hecho, aclara el aire entre tú y la otra persona. Te devuelve la energía que emplearías en culpar o esconder, para que puedas usarla positivamente.

Podemos inventar una excusa que no es verdadera, para poder ocultar un acuerdo roto. Cuando era muy joven, a veces no asistíamos a la escuela como era lo esperado y nos ingeniábamos disculpas bien imaginativas y exageradas. Algunas veces, decíamos que teníamos fiebre muy alta; otras veces algo como «se murió mi abuelita». Los adultos hacen lo mismo cuando no se comportan de acuerdo con sus compromisos propios o con los de los demás. Si has hecho esto, es importante que *aclares cualquier falsedad o acuerdo incumplido*. Esto puede resultar bastante difícil, debido a que el ego o la dignidad sufren cuando se admite una mentira. Poder decir: «Lo que dije no era cierto; en realidad no estaba ocupado; lo olvidé sencillamente. Por favor discúlpame», requiere de gran madurez. Así terminas con esto. Has sido honesto y has aclarado la mentira entre la otra persona y tú.

Parte de este proceso de aclarar o esclarecer, puede igualmente incluir el *compartir cualquier cosa que hayas mantenido oculta o secreta para alguien que necesite saberla*. ¿Cómo se determina si alguien lo necesita saber? Si sigue regresándote a la mente, perturbándote emocionalmente, y distrayéndote mentalmente, entonces sería mejor que lo compartieras y dejaras bien las cosas. Eso que no se ha dicho, puede aclararse cara a cara, a veces por escrito, y, a veces, si la persona no está disponible en estos niveles, en tu corazón. Decir algo, no es necesariamente malo: puedes darle a alguien una información que mejore la comunicación. Por ejemplo: puedes decirle a alguien que tiene mal aliento, para que se tome un caramelo de menta y se cepille los dientes. Así de sencillo. A veces, retendrás tus sentimientos de amor. Es valioso que alguien sepa que le interesas, no necesariamente a nivel romántico, sino como ser humano bello.

Al hacer cosas que faciliten una comunicación clara, despejarás también el camino para que la riqueza llegue a torrentes en las relaciones personales y de negocios. Mientras estés "aclarando asuntos", podrás encontrarte literalmente limpiando tus habitaciones, tu escritorio, tu oficina, y tu auto. Ello te da una oportunidad mejor par *organizar y mantener* tu vida en apoyo de tu abundancia. No hay error en el hecho de que las corporaciones más grandes y de mayor éxito sean por lo general las más efectivas y eficientes, debido a que habrán dado los pasos necesarios para lograr un alto nivel de organización, mismo que mantienen atendiendo constantemente. Mantén tus datos al día, desde tu chequera hasta tus archivos. Paga tus cuentas a tiempo, y tendrás mayores posibilidades de que te paguen a tiempo. Cumple con tus compromisos a nivel de negocios y de relaciones personales, ya que ello permite cierta clase de *conclusión* personal, para que no haya cosas incompletas que te quiten energía.

Para que tu vida funcione exitosamente, es importante que establezcas acuerdos y sigas aquellos parámetros que te apoyen en las relaciones personales y de negocios y que te mantengas en ellos. No sería útil para tu progreso, moverte en algo que es imposible de hacer, sólo por querer complacer a alguien. Si tu jefe te invita a almorzar, y ya tenías un compromiso con un cliente, sería tonto decirles a ambos que sí. Asegúrate de que todos los acuerdos queden bien entendidos por todas las partes interesadas; sólo así no habrán ni resentimientos ni remordimientos en las relaciones. Si los hubiese, te animo a que rápidamente discutas cualquier remordimiento o resentimiento para lograr claridad; y, de ser necesario, negocies de nuevo para llegar a un acuerdo más equilibrado.

Todos estos puntos contribuirán a darte el regalo de tu poder. Aquello que resta o socava tu energía, disipará el poder dentro de ti. Completar, cumplir acuerdos y concluir las cosas, son todos actos que apoyan el hecho de que estés presente, aquí, ahora, utilizando la energía de la mente, el cuerpo, y El Espíritu para tu propio éxito.

11

CONCIENCIA Y ELECCION

*"El amor de otra persona puede
apoyarte en la búsqueda y
descubrimiento propios;
sin embargo, eres tú quien tiene
que tener la experiencia de su
propia auto estima."*

*U*na premisa de este libro es que estamos destinados a tener alegría y abundancia en nuestra vida. Es como si tuviéramos un "canal" vertical adentro nuestro, diseñado para que la abundancia pase a través de el. Aún cuando la salud, la riqueza, y la felicidad son una posibilidad clara en nuestra vida, también debemos reconocer que tal estado de equilibrio no le ocurre comúnmente, la mayor parte del tiempo, a la mayoría de la gente. Sin embargo, lo sé, a través de mi vida, y las de cientos de amigos y colegas, que una vida así no sólo es posible, sino que ya se ha manifestado.

El desafío no consiste tanto en sintonizarse con ese "canal", de abundancia en tu vida, sino en remover aquellas cosas que están obstruyendo el éxito. Supón que este canal es vertical y que, en vez de que pasen las aguas de la riqueza a través de ti, hay obstrucciones que detienen la corriente. Estas obstrucciones pueden desviar o detener la corriente de riquezas destinadas a tu vida. ¿Quién colocó estas obstrucciones allí? Pueden haber muchas explicaciones. En términos psicológicos, "se impusieron las iniquidades de los padres a los hijos..." cuando siendo niño aceptaste inconscientemente algunas de las limitaciones y acondicionamientos negativos de tus padres. Estos bloqueos tempranos adquieren peso y tamaño hasta que se arraigan en los cimientos emocionales y mentales. Quizás algunos hayan nacido con desequilibrios y la opción es disolver o de otra forma remover esos bloqueos, o permitirles permanecer y tal vez llegar a echar raíces. ¿Cómo se deshace una persona de los bloqueos, o remueve las "trabas", para que la abundancia corra? Todas las técnicas y pasos descritos en los anteriores capítulos, están destinados a que ese canal se mantenga despejado para que la alegría fluya en tu vida.

Otros, quizás hayan creado nuevos bloqueos, tan recientemente como ayer, al consentir expresiones como, codicia, lujuria, ira, y emociones extremas. Las emociones con frecuencia pueden ser bloqueos gigantescos para desviar o detener la corriente de éxito que te está reservada en esta vida. La mayoría de la gente tiene una vida llena de contenido emocional. Eso no significa que el contenido emocional sea siempre negativo. Puedes sentirte bien o mal, arriba o abajo, perdido o encaminado; y muchas personas actúan y reaccionan de acuerdo a cómo se sienten, haciendo que su vida suba y baje como un ascensor o como un yoyo.

Independientemente de lo que suceda en tu vida externamente, si le das validez a todo mediante tus emociones, por lo general interpretarás las situaciones a través de las mismas, y reaccionarás de acuerdo a ellas. Sé de un hombre que se peleó a golpes porque no le entregaron sus camisas a tiempo en la lavandería. Sé también de otro hombre que mientras conducía, fue agredido a tiros por otro conductor quien creía que iba demasiado lento. ¡Las camisas y la velocidad al conducir como motivo para la violencia física! Absurdo, ¿verdad? Pero, repito, cuando las personas viven la vida a través de sus emociones, casi cualquier cosa es posible.

Ahora bien, esos son casos extremos y, desde luego, puedes pensar que tienen poco que ver contigo. Este proceso, sin embargo, puede ser sutil. ¿Alguna vez has manejado una circunstancia externa de manera que resultó demasiado extrema para el evento? ¿Renunciaste alguna vez a un empleo por sentirte molesto emocionalmente, sin tener el suficiente dinero en el banco para cubrir el alquiler de ese mes? No estoy diciendo que dejar un empleo sea equivocado, sólo que si hubieses sido capaz de sobreponerte a tus emociones, habrías podido hacer algo más sensato, tal como buscar otro trabajo mientras estabas aún empleado. ¿Alguna vez has estallado de furia con tu pareja sobre algún asunto, listo para marcharte o divorciarte, y horas después te estabas disculpando y los dos estaban queriéndose de nuevo? Tal vez recordarás momentos de tu vida en que tu reacción llegó hasta el límite, no debido al asunto, sino a la carga emocional que le pusiste.

¿Por qué ser víctima de tus emociones? ¿Por qué no te detienes antes de responder emocionalmente? Las personas que viven principalmente en sus emociones, a menudo actúan como juez, jurado, y verdugo. Le hacen gran daño emocional, mental, y algunas veces físico a otros (y a sí mismos), basados más en sus contenidos emocionales que en las pruebas. Un sistema justo de jurisprudencia se basa en que "se es inocente hasta que la culpabilidad puede comprobarse". Aquellos que se exteriorizan emocionalmente, lo hacen acondicionados porque la culpabilidad y los juicios se han cimentado y, por lo general, no se dan tiempo para determinar si existen suficientes pruebas para juzgar a otra persona.

Si estás interesado en superar los obstáculos de tu éxito, es importante que manejes cualquier reacción emocional que tengas. Sería ingenuo de nuestra parte pensar que por el simple hecho de leer esto, podrás eliminar los bloqueos de inmediato. Pero puedes comenzar a hacer algo ahora mismo, para eliminar cualquier obstáculo de tu abundancia. Lo primero que hay que hacer es reconocer lo que está sucediendo dentro de ti, en relación a otra persona o condición. Reconocer, no reaccionar. El reconocimiento puede ser tan sencillo como decir: "No me gusta eso". Por ejemplo, ¿alguna vez "te has vuelto loco" en medio del tráfico? Conozco personas que llegan hasta el tope emocional cuando se ven atrapadas en un embotellamiento de tráfico. Aún cuando haya autos pegados unos a otros hasta donde se alcance a ver, mucha gente, toca bocina o claxon con furia, como si eso lograse que los autos se moviesen de pronto. ¿Cómo puedes manejar una situación como ésta? Lo primero que hay que hacer es reconocer lo que está sucediendo: "el tráfico está atascado y no me gusta. De hecho, si esto continua mucho tiempo más, así como estoy, voy a estallar".

Nota como el ejemplo anterior, se refiere al reconocimiento de la posibilidad de estallar, no de permitir la reacción emocional de estallar. Después del reconocimiento, ¿qué sigue? Ahora viene el darse cuenta de la elección –y como se dijo en capítulos anteriores— escoger tu elección. Haz reconocido (te has dado cuenta de) que estás detenido en el tráfico y que estás listo a responder emocionalmente. Ahora ¿qué vas a hacer al respecto? ¿Ponerte a tocar bocina? En conciencia sabes que hacerlo, no aliviará el embotellamiento de tráfico. ¿Qué otras opciones están disponibles? Por una parte, pasarte al carril derecho y, con el tiempo, salirte de esa vía en particular, y buscar una ruta menos directa... "pero eso le agregaría media hora a mi trayecto", podrías pensar. Esa es una buena reflexión. Siempre hay otras opciones. En este caso, ¿quieres avanzar centímetro a centímetro a lo largo del autopista, en caso de que eventualmente llegue a despejarse o estás dispuesto a agregar media hora más si tomas una vía alterna? Recuerda esto: cualquier opción es buena. No necesitas juzgar tus opciones, solamente evaluarlas y elegir.

¿En qué te basas para hacer tus elecciones? Nueva-mente, en la conciencia. Por ejemplo, si eres consciente de que tienes un fusible emocional muy sensible, toma la ruta alterna adicional. Si conducir en medio del tráfico que se mueve, resulta más sencillo para ti, hazlo. Aún si agregas media hora más de viaje. Si prefieres arriesgarte a que el tráfico se agilice y te ahorres esa media hora, haz la elección y las elecciones subsiguientes que apoyen tu primera decisión. Mientras avanzas por centímetros pue-des prender la radio o una cinta de música particularmen-te tranquilizante. Un amigo mío, siempre que se pone tenso, escucha la grabación de un guitarrista que inter-preta las fugas de Bach; y eso le calma la tensión y si esas condiciones de tráfico ocurren con frecuencia, puedes hacer una tercera elección: salir a una hora diferente, o hacer arreglos para ir a otro lado hasta que se agilice el tráfico. Algunos han decidido mudarse con el fin de evitar conducir diariamente en determinada ruta durante las horas de congestión.

El embotellamiento de tráfico es un ejemplo concreto de los "embotellamientos" que tenemos en nuestras vidas. Al reconocer cual es el nudo o el bloqueo, tienes la oportunidad de hacer distintas elecciones. Cualquier elección diferente a la reacción emocional, puede contribuir a disolver cualquier obstáculo que impida tu éxito. ¿No crees que un embotellamiento de tráfico podría impedir que tengas éxito? ¿Qué te parece estar detenido en medio del tráfico durante hora y media y llegar tarde al trabajo? Quizás te molestes porque necesitabas ese tiempo para completar un proyecto; tal vez te irrites, de suerte que cuando tu jefe te pregunte por el informe, puedes contestar de una manera seca, impaciente, defensiva. Esta clase de respuesta, puede, en última instancia limitar que tengas éxito. Una estrategia importante es hacer una elección positiva *antes* de un suceso negativo, siempre que sea posible. Por ejemplo, en lugar de dejar las cosas para el último momento, asumiendo que todo va a salir a la perfección (como el tráfico), puedes elegir terminar el proyecto uno o dos días antes de lo debido. O, si llegas con un retraso, lo primero que debes hacer es reconocer que estás tenso, y tomar un momento para calmarte. Entonces, le cuentas a tu jefe del tráfico, y negocias de nuevo, sin el contenido emocional, un tiempo adicional para completar el informe.

Sabrás que estás haciendo esta técnica de "elección a conciencia" con éxito, cuando tomes *plena responsabilidad* por lo que esté sucediendo en tu vida interior y exteriormente. Si te encuentras respondiendo "lo odio", "me vuelve loco" estarás involucrado en una exteriorización interna, haciendo de alguien o de algo, fuera de ti mismo, la causa de tu reacción interna. Haz establecido la premisa de que si esa persona determinada se marcha o esa situación específica cambia, tu dificultad también desaparecerá. Hay gente que se involucra en relaciones personales y se separa muchas, muchas veces; otros consiguen un empleo, renuncian a él y cambian de trabajo muchas, muchas veces. Mucha gente vive esa clase de existencia, culpando a él o a ella, a esto o eso, y se enfurecen o se desalientan de la vida poniendo pretextos y excusas acerca de por qué su existencia no está llena de salud, riqueza, y felicidad.

Es tan sencillo caer en eso de "si sólo él hubiera...", "si sólo ella pudiese...", poniendo toda la responsabilidad en una fuente externa. Con esa postura no sólo no resolvemos nada, sino que creamos además un sentimiento de impotencia adentro nuestro, debido a que hemos creado una situación en la que, por definición, no podemos hacer nada. Si todo es "su culpa" entonces somos víctimas de la culpa de los demás. Aquellos que viven de acuerdo a ese *modus operandi* con frecuencia tienen la experiencia de sentimientos de fracaso y un sentimiento de no ser dignos.

Si vives en una conciencia de reacción en donde los estímulos externos determinan como respondes, te estás privando de crear y tener la experiencia de tu propio éxito inmediato. Cada vez que culpes a otra persona por tu vida, le estás dando el poder de gobernarla, aún cuando no lo haya solicitado. Si no te gusta la forma en que alguien está haciendo algo, en vez de culpar y criticar, puedes elegir otra cosa. Puedes asistir, enseñar, y entrenar a una persona a que se desempeñe mejor. Si ofreces tal información con amor, las oportunidades de que tengas éxito son buenas. Si ofreces información con impaciencia y juicio, las oportunidades pueden ser limitadas.

Estamos viviendo una época de grandes posibilidades de conciencia. Si tienes un problema que desconoces, por lo general, este te domina de alguna manera, y es muy poco lo que puedes hacer al respecto, excepto reaccionar. Por ejemplo, cuando tienes alguna incomodidad física y no sabes qué la está causando, el cuerpo te responde a un desequilibrio desconocido. El desequilibrio puede ser causado por muchas cosas distintas, que van de lo físico a lo emocional. Cuando vas al médico, es para que puedas determinar la causa. Una vez que se conoce, se recomienda el tratamiento. Bajo las mejores condiciones, el tratamiento sirve y el malestar se cura dejándote equilibrado. Te sugiero no esperar hasta que los síntomas del desequilibrio se hagan tan obvios que necesites del tratamiento. ¿Por qué no resolver la dificultad antes de que se vuelva un problema? ¿Por qué no encontrar la cura antes de que se manifieste en una enfermedad?

Por este motivo, con frecuencia recalco la importancia de tener conciencia y elegir. En algún nivel, sabes si algo "te domina". En lugar de esperar a que te lo avisen los síntomas tales como la úlcera, el dolor de espalda, la urticaria, el cáncer, puedes reconocer *ahora* qué es lo que te está afectando y, quizás, atenderlo antes de que se manifieste como enfermedad física.

Desde luego, a una persona la pueden manejar muchas cosas, además de los males físicos. Si constantemente tienes dificultades económicas, la probabilidad es que te está manejando un bloqueo limitante. Si te encuentras entrando y saliendo de relaciones íntimas, siempre considerando que la otra persona está equivocada, probablemente te esté manejando un acondicionamiento negativo. Si tienes la experiencia de tu trabajo como una cadena, y no como una expresión de creatividad, quizás estés llevando una vida determinada por las limitaciones interiores. ¿Quiere esto decir que nunca deberás cambiar de compañeros o de empleo? De ninguna manera: implica, no obstante, que sí asumas la responsabilidad de tus elecciones. Si no lo haces, es posible que crees los mismos viejos problemas con nuevos compañeros o nuevos empleos.

En conciencia, puedes echar un vistazo a tu vida, tus relaciones personales, tu economía, tus expresiones vocacionales, y ver si ha existido un patrón limitante. No interesa si la gente o los eventos han cambiado; sólo ve si hay patrones recurrentes. Con mucha frecuencia, las personas continúan viviendo una vida de restricciones repetidas, debido a que el contenido emocional las maneja.

En conciencia, tienes la oportunidad de reconocer si las emociones han manejado tu vida. De ser así, tienes la oportunidad de hacer elecciones que apoyen el cambio y la transformación. Observa que de nuevo hablo de "elecciones". Esta no es una elección sólo a nivel verbal, en donde reconoces tu patrón reactivo y dices que las cosas van a mejorar. Las cosas no necesariamente mejoran sólo porque te des cuenta de un problema y luego digas que va a mejorar. Las cosas no van a mejorar necesariamente porque reces para que así sea. Pero es más probable que mejoren si primero asumes la responsabilidad y luego actúas.

En conciencia, puedes reconocer el problema o la dificultad y la solución preferida. Si te enfocas en el problema hay probabilidad de que ocurra poco para que mejoren las cosas. Si actúas enfocado en la solución tienes la oportunidad de mejorar tu vida. Por ejemplo, sé de un hombre que bebía mucha cerveza diariamente, y al atardecer se tomaba unos cuantos tragos para relajarse. Aún cuando sabía los efectos dañinos que el alcohol causa en algunas personas, sentía que el no era vulnerable a esas enfermedades. Se hacía un examen médico anualmente y el doctor le decía que iba bien. Luego, un día se dio cuenta de que ya no era tan invulnerable. En conciencia reconoció que consumir bebidas alcohólicas era nocivo para su salud. Hizo la elección de no beber nada de alcohol. Era muy difícil pero asumió la responsabilidad de la elección, más allá del nivel verbal. (Aquellos que dejan el alcohol sólo en el nivel verbal, por lo general lo dejan, y vuelven comenzar muchas veces). El eligió primero ir a un lugar de retiro, con otras cien personas donde no había bebidas disponibles. Hizo una elección responsable *a conciencia*. Apoyó su concientización de que romper el hábito era muy difícil, haciendo una elección responsable, yendo a un retiro en donde, no sólo no había alcohol, sino donde estaría rodeado por otras noventinueve personas que apoyarían su cambio de hábito. Y cuando regresó a la vida "normal", continuó creando experiencias y gente que le apoyaban para crear un hábito nuevo. No fue cuestión de dejar de beber. En conciencia, reconoció que debía crear un hábito nuevo, para remplazar el viejo. Su nuevo hábito consistía en no beber. Y no pasaba tiempo con gente que bebiera. No lo juzgaba, pero hizo elecciones sabias para fortalecer su nuevo hábito. No tenía bebidas alcohólicas en su casa, ni permitía que hubiese alguien en su casa tomando alcohol.

El asunto consiste en asumir la responsabilidad de todos los aspectos de tu vida. Haz cosas positivas, y rodéate de personas que no necesariamente estén de acuerdo con tu punto de vista condicionado, pero que apoyen un acto de libertad. ¿Qué es la libertad? No estar apegado. Nada de estar aferrado al alcohol, y, lo que es más importante, a una vida de contenido emocional. Imagina estar en medio de amigos que no apoyen las reacciones negativas emocionales. Imagina elegir personas que no estén en el chisme ni esparciendo rumores. Imagina elegir gente y lugares que te permitan sólo estar presente con lo que está sucediendo.

Un obstáculo importante en el camino a nuestro éxito potencial, es no estar presente. Muchos podrán responder:

—¿Qué quieres decir con no estar presente? Claro que estoy presente. Estoy aquí—.

Podemos estar físicamente presentes, pero realmente arrastrados por nuestro pasado o llevados por la ansiedad del futuro. Muchas personas tienen contenidos emocionales en muchos campos. En la danza del romance, por ejemplo, puedes ver a alguien e imaginarte lo bella que sería la vida estando juntos, en esa fantasía de "algún día mi príncipe (o princesa) vendrá". Ese es tu deseo que te empuja al futuro, el cual a menudo, es una limitación de tu pasado, tal cual lo aprendiste de tus padres. ¿Cuáles son las opciones? ¿Cómo puedes estar presente ahora sin perderte del futuro?

A conciencia, nuevamente, establece que está sucediendo dentro de ti. A medida que comienzas a ir hacia "el futuro" en la forma de otra persona, otra relación, otra aventura financiera, otro empleo, u otra ubicación física ¿vas hacia adelante como eres en este mismo momento? O ¿vas hacia adelante adentrándote en la tierra de la fantasía para escaparte del sentimiento de pérdida el cual, tal vez, esté basado en experiencias pasadas? Antes de que continúes con ese ascensor de reacciones, o yoyo, quizás te ayude el admitir que una situación externa no resolverá un conflicto interno. El amor de otra persona puede apoyarte en tu búsqueda y descubrimiento, pero eres *tú* quien tiene que tener la experiencia de su propia autoestima. Si esperas que sea otra persona quien te la dé, la relación puede terminar en desarmonía y divorcio. Si no te va bien en ese empleo, debido a tus malos hábitos de trabajo y a la resistencia a la supervisión, quizás te encuentres en la misma situación en otro empleo. Las relaciones personales y vocacionales, eres *tú* quien debe hacer lo que se requiere para descubrir, tener la experiencia, y expresar tu valor.

Muchos juegan un partido de ping pong con sus vidas. Hacen de sí mismos la bola que es golpeada de allá para acá, entre las raquetas del pasado, el futuro/esperanza. Cuando el pasado lo golpea, se lanzan al futuro de la esperanza, sólo para regresar de un golpe al pasado, sin detenerse nunca para estar presentes. Muchas personas cargan con la culpa, los juicios respecto de sí mismos, y el pecado por algo que hicieron hace mucho tiempo. ¿No sería maravilloso si pudieras reconocer que no debes culparte a ti mismo ahora por lo que hiciste en el pasado? Incluso si de veras hiciste algo que tu madre, tu padre, tu maestra, tu esposo, tu esposa, tu hijo, tu colega, o la sociedad dijeron que era *terrible*, aquí estás justo en este momento leyendo este libro, haciendo algo maravilloso. ¿Qué es tan maravilloso respecto de este libro? Por sí mismo, nada. Pero puedes estar leyéndolo para buscar una información que mejore tu vida. Cualquier cosa que mejore tu vida es maravillosa.

Con frecuencia gastamos tiempo en nuestro pasado, debido a que nos es familiar, y demasiadas veces, lo que es familiar nos resulta cómodo y no nos asusta. Aún cuando lo familiar sea limitado y lleno de negatividad, por lo menos, sabemos lo que es. Con frecuencia, inconscientemente las personas le dan tanta energía al pasado, que viven hoy, esclavas del ayer. Pueden pasar sus vidas castigándose por lo que hicieron o dejaron de hacer en el pasado.

Si quieres tener éxito tu vida, es hora de reconocer que no puedes cambiar el pasado. Esto no sólo se refiere a lo sucedido hace veinte años; ni siquiera puedes cambiar lo que sucedió hace veinte segundos. No puedes cambiar las cosas para lograr que tu madre o tu padre te hubieran amado de la manera como hubieras querido que lo hiciesen. No puedes cambiar las cosas en el pasado para expresar amor, de la manera en que te hubiese gustado hacerlo.

Que desperdicio de tiempo es darle energía a algo que en realidad es un balde de cenizas. El pasado está muerto. ¿Por qué continuar dándole energía a un fantasma? Lo mejor que puedes hacer con el pasado, es utilizarlo como punto de referencia, como el científico hace con un experimento. Si necesitas verlo, hazlo conciencia. Sin contenido emocional, ve lo que haya pasado; velo como información, no para culpar o enjuiciar. Puede también llegar el momento en que no necesites siquiera mirar el pasado. Sencillamente lo puedes dejar ir de inmediato, para que tengas toda tu energía para vivir en el presente.

Si dejas que el pasado sea sencillamente el pasado, entonces tienes el presente para mantenerte ocupado, a menos, desde luego, que estés aferrado en el deseo y la ansiedad respecto al futuro. Sin embargo, hay algo que puedes hacer respecto a tu futuro. Haciendo ahora aquellas cosas que apoyan tu éxito eventual, eso se reflejará en tu futuro. Tu futuro será algún día tu presente, donde podrás cosechar las recompensas de lo que estás haciendo *ahora*. Por eso subrayo que tengas creatividad y valentía ahora. No hay nada malo en preguntarte a ti mismo qué quieres en tu vida. Desde luego, esto sugiere que la recompensa está en el futuro. Sin embargo, una vez que reconozcas lo que quieres, tienes opciones creativas en el presente que pueden hacer de tus deseos una realidad.

Al utilizar tu creatividad, puedes elegir qué cosas hacer y qué no hacer en apoyo de lo que quieras. No es tan importante entender intelectualmente *por qué* estás haciendo algo. Es más importante reconocer *qué* estás haciendo. ¿Lo que estás haciendo te apoya para conseguir lo que quieres? También puedes aceptar la responsabilidad por tu elección porque de alguna manera no puedes deshacerte de eso. Si ves lo que estás haciendo, y encuentras que verdaderamente no es un apoyo para el éxito que quieres, tu siguiente paso es sencillo: deja de hacerlo. No tienes que actuar ni responder de maneras que no sean para ti. No tienes que ser una víctima del contenido emocional, ni hacer cosas que estén en tu contra. Si tu vida no marcha de la forma en que quieres, si *ahora mismo* no estás viviendo una vida de salud, riqueza y abundancia, entonces detente, mira y escucha. Detente y ve las cosas que estás haciendo y las que no estás haciendo. Luego, ve a tu fuero interior y escúchalo. Si escuchas, oirás lo que debes hacer para quitar los obstáculos y permitir que tu éxito fluya. La indicación puede ser tan específica como llenar un formulario y enviarlo por correo, o pagar una cuenta, o contestar una carta, o estudiar para un examen, o prepararte para un informe, o celebrar el cumpleaños de alguien.

No descartes nada que te encuentres en tu camino ni en tu experiencia de alegría. Si te desvías un uno por ciento, eso puede crear una irritación que te haga la vida incómoda. Prosigue lo que quieras en tu vida. Apoya lo que quieres, visualízalo, escribe sobre ello y lee sobre ello, haz en el presente aquellas cosas que te lleven hacia un futuro exitoso. Puedes crear relaciones en el presente, que contribuyan a un futuro venturoso. No es cuestión de una fórmula matemática. Es cuestión de técnicas específicas, tales como las descritas en este libro, aplicadas con valor, integridad y amor. Si lo haces con amor, la corriente del éxito sucederá sin esfuerzo. Si lo haces con amor, los errores que cometas, o que cometan otros, serán sólo experiencias. Si lo haces con amor, tu vida puede ser un éxito.

Es posible tener la experiencia de salud física, riqueza espiritual, estabilidad económica, y relaciones personales que te nutran. Es elección tuya. Trátate con amor en el camino hacia tu éxito. Te lo mereces.

www.ingramcontent.com/pod-product-compliance
Lightning Source LLC
Chambersburg PA
CBHW031959040426
42448CB00006B/424

* 9 7 8 0 9 1 4 8 2 9 9 1 1 *